El diablo cojuelo

de

LUIS VÉLEZ DE GUEVARA

Versión escénica de
JESÚS GÓMEZ GUTIÉRREZ y
AITANA GALÁN

PUBLICACIONES DE LA ASOCIACIÓN DE
DIRECTORAS Y DIRECTORES DE ESCENA DE ESPAÑA

PUBLICACIONES DE LA ASOCIACIÓN DE
DIRECTORAS Y DIRECTORES DE ESCENA DE ESPAÑA

Dirección editorial: Carlos Rodríguez Alonso y Manuel F. Vieites

© Aitana González Hernández, 2024
  Jesús Gómez Gutiérrez, 2024
© de la presente edición:
  ASOCIACIÓN DE DIRECTORES DE ESCENA DE ESPAÑA

Primera edición: Septiembre, 2024

Publicaciones de la ADE
Serie: Literatura Dramática, nº 124

Paseo del Rey, 10, bajo A. 28008 Madrid (España)
http://www.adeteatro.com
correo electrónico: redaccion@adeteatro.com

Diseño de la colección: Tomás Adrián.
ISBN: 978-84-17189-61-7
Depósito legal: M-21146-2024
Imprime: Safekat S.L.
Impreso en España

El diablo cojuelo

de

LUIS VÉLEZ DE GUEVARA

Versión escénica de
JESÚS GÓMEZ GUTIÉRREZ y
AITANA GALÁN

A Juan Antonio Hormigón

Una catedral de palabras

Notas sobre la versión y puesta en escena de *El diablo cojuelo*

Por Jesús Gómez Gutiérrez
y Aitana Galán

Las academias de los siglos XVI y XVII eran encuentros literarios que se celebraban con motivo de algún acontecimiento especial. Además de escritores, asistían nobles, cortesanos destacados y, por supuesto, los reyes y sus familias, que en aquella época buscaban el contacto con las artes.

En 1637, se celebró en el Palacio del Buen Retiro una academia burlesca dedicada a Filipo IV el Grande (Felipe IV), que tuvo por secretario a Alfonso de Batres, por fiscal a Francisco de Rojas y por presidente, a Luis Vélez de Guevara. Las premáticas que se escucharon entonces fueron las mismas que dicta Cleofás en la academia sevillana de «El diablo Cojuelo», y son también el principio de nuestra versión, por dos buenos motivos: el primero, que naturalmente eran obra de Luis Vélez y el segundo, que «El diablo Cojuelo» es algo más que el viaje iniciático de un estudiante y un demonio rebelde; sobre todo, es una reflexión sobre la literatura y el oficio de escribir.

El carácter metaliterario de la novela y la abrumadora presencia autobiográfica del autor en sus páginas nos llevan a incorporarlo como un personaje más y a introducir otros textos de su autoría (cartas, dedicatorias, su propio testamento) que, desde nuestro punto de vista, potencian el trasfondo de la obra y explican uno de los muchos tesoros que oculta: el viaje vital de un poeta que tuvo que valerse de la prosa para contar lo que ni el teatro ni el canon teatral de la época le permitían.

(Texto incluido en el programa de mano
del 42 Festival Internacional de Teatro Clásico de Almagro,
en el estreno del espectáculo. 2019)

1. Apuntes breves sobre el contexto y datos biográficos del autor

Aunque han pasado algunos años desde que escribimos estas líneas, nos siguen pareciendo adecuadas para situar de una manera rápida tanto el contexto histórico-literario en el que Luis Vélez de Guevara escribe *El diablo cojuelo* como los ejes sobre los que fundamentamos nuestra versión.

Si tienen ocasión de consultar el manuscrito de la *Academia burlesca en Buen Retiro a la Magestad de Philippo IV el Grande*[1] comprobarán que no sólo las premáticas que dictó Vélez de Guevara son idénticas a las que aparecen en el último tranco del *Cojuelo*, sino que también en los memoriales y cédulas, del mismo Vélez, se citan nombres de personajes y situaciones similares o identificables con otros de la novela[2]; esto, sumado a todos los referentes literarios que aparecen en el texto, a los pasajes sobre la vida de los poetas y los cómicos y la relación del pueblo con ellos (véase, por ejemplo, la escena del Poeta Loco en la posada de Toledo, o la de los actores en la venta de Sierra Morena) nos inclinó a situar la literatura y el mundo literario como eje fundamental de lectura, y facilitó tanto que iniciásemos la acción de la obra a partir del último tranco

---

[1] *Academia burlesca que se hizo en Buen Retiro a la Majestad de Filipo IV el Grande. Año de 1637.* Edición crítica, prólogo y notas de Mª. Teresa Julio. Universidad de Navarra/Iberoamericana/Vervuert. 2007.

[2] Por ejemplo: «Doña Timotea de Campuzano, casada con Don Cleofás Pérez Çambullo, [...]» en el *Memorial de Academia burlesca que se hizo....* Recordemos que en la novela Doña Tomasa nunca llega a casarse con Cleofás.

como que Luis Vélez de Guevara formara parte de la misma en calidad de personaje[3].

Sabemos que *El diablo Cojuelo* se publicó en 1641, pero no sabemos cuándo se escribió exactamente y, en consecuencia, si fue antes o después de la Academia de 1637. La mayor parte de la crítica actual coincide en situarla a partir de 1630, basándose en algunos datos históricos implícitos en sus líneas[4]; por tanto, se trata de una obra de madurez, la única en prosa dentro del corpus literario de un autor dedicado fundamentalmente al teatro. También es su texto más conocido y el que le dio fama internacional gracias a la versión francesa (*Le Diable Boiteux*) de Alain-René Le Sage, publicada en 1726, que llegó a manos de Goethe y probablemente sirvió de inspiración para su *Fausto*[5]. Pero,

---

[3] En este sentido, compartimos la tesis de la profesora María Grazia Profeti que, siguiendo a la corriente crítica posterior a 1965, destaca el carácter meta-literario del *Cojuelo* en su artículo «Mosqueteros míos... jueces de los aplausos cómicos» *El Diablo Cojuelo* y el teatro.», en *Luis Vélez de Guevara y su época. IV Congreso de Historia de Écija (Écija, 20-23 de octubre de 1994)*, Sevilla, Fundación El Monte, 1996, pp. 63-77.

[4] Por ejemplo, adjetivar las once de la noche como «hora *menguada* para las calles» parece hacer alusión tanto al peligro de las calles de Madrid por la noche, como al peligro a que te cayeran encima las aguas menores y mayores que los vecinos podían arrojar desde sus casas. Es entre 1629 y 1639 cuando se dictan las ordenanzas que prohíben hacerlo antes de esa hora. También se prohibía arrojarlas desde las ventanas a la calle, pero dada la cantidad de quejas y multas emitidas se deduce que los madrileños de la época no abandonaron hasta mucho más tarde la costumbre de hacerlo.

[5] Numerosos estudios relacionan la obra de Vélez con la de Goethe, a pesar de sus evidentes diferencias formales. En el artículo Diablillos y sátira en *El diablo Cojuelo*, de Vélez de Guevara y *Fausto*, de Goethe (UPAEP, México, 2014. Disponible en web), Robin Ann Rice recuerda la autobiografía de Goethe, donde él mismo compara sus deambulares por las calles de Frankfurt con las «vistas aéreas inolvidables de Madrid que deleitaron a Asmodée y Cleofás».

por muchas conjeturas que se puedan hacer sobre los motivos que lo llevaron a internarse en el campo de la prosa, no hay mejor pista que el *Prólogo a los mosqueteros de Madrid*, del que hablaremos más tarde.

Obviamente, el *viaje* paralelo que propone nuestra versión —el del dramaturgo que escribe una novela— es una ficción compuesta a partir de anécdotas biográficas, documentos y textos de Vélez de Guevara; no pretende ser ni mucho menos una representación verídica o historicista del proceso real de la escritura de la obra, sino un acercamiento a la figura y las circunstancias vitales de Vélez en particularísima relación con el oficio de escribir; un oficio que, como a todos los autores de la época, le obligó a depender de los favores de los grandes señores y títulos de la Corte para poder sobrevivir y mantener a su familia.

Conviene señalar aquí lo que nosotros consideramos un sorprendente e injustificado maltrato histórico de la crítica académica con Vélez de Guevara derivado precisamente del factor que acabamos de mencionar: ejercer un oficio que obligaba con frecuencia a los autores a tener que suplicar su salario a unos mecenas con tendencia a pagar mal y ser poco generosos. Emilio Cotarelo (1857-1936), que realiza una semblanza —de imprescindible lectura, por otra parte— sobre su obra y biografía, no tiene reparos en tacharlo de pedigüeño, segundón, derrochador e incluso maledicente, y llega a definir su vida como ¡«parasitaria y servil»[6]!

Sin embargo, las referencias de sus coetáneos son muy distintas, y proyectan la imagen de un Vélez de Guevara afable y respetado por los otros poetas: Cervantes lo cita

---

[6] «*Luis Vélez de Guevara y sus obras dramáticas*», de Emilio Cotarelo y Mori. Puede consultarse en la página web de la Biblioteca Virtual Miguel de Cervantes.

en su *Parnaso* en dos ocasiones («Topé a Luis Vélez, lustre y alegría/ y discreción del trato cortesano,/ y abracéle en la calle a mediodía»)[7]; Quevedo habla bien de él en *La Perinola;* Lope de Vega lo elogia en el *Laurel de Apolo* y la *Filomena y,* como los lectores sabrán, no son autores que se caractericen por ser poco críticos con sus contemporáneos. Lope bromea en una de sus cartas privadas con la capacidad de seducción de Luis Vélez para "pedir"[8], pero lo hace con humor, no con el desprecio que encontramos en estudios de eruditos posteriores. Además, solicitar dinero a la nobleza como remuneración por sus escritos, o pedirles adelantos para comer o vestir era práctica común de casi todos los poetas; y, desde luego, "pedir con gracia" era un arte que convenía desarrollar si se quería sobrevivir en semejante ámbito, incluso en aspectos de apariencia menor que no son menores en absoluto. Por ejemplo, ¿cómo debía vestir un poeta en las reuniones de Palacio o en las haciendas de sus mecenas? ¿con harapos? ¿Cómo podía pagar la indumentaria apropiada para codearse con duques, marqueses y príncipes? Lejos de ser un capricho, era una necesidad; y tanto más en el caso de Vélez, que fue además ujier de la Cámara Real (cargo sin sueldo, pero con derecho a casa y la ventaja de estar cerca del poder[9]).

> «...Ni será bien que un cristiano,
> aunque peregrino soy,
> vaya a San Calatayud
> con esclavina y bordón.
> Que soy entre los Ujieres

---

[7] *Viaje al Parnaso.* Miguel de Cervantes.

[8] En una carta al Duque de Sessa, donde Lope le solicita dinero para una sotana, añade: «*Parece cosa de Luis Vélez, más, señor, v. Ex. tuvo la culpa...*» relata Emilio Cotarelo en «Luis Vélez de Guevara y sus obras dramáticas».

[9] Un cargo, por cierto, que también ocupó Velázquez en la misma época, por lo que podemos presuponer que ambos se conocían.

el ujier que encomendó
para sola esta jornada
el Padre Predicador.»[10]

La crítica contemporánea —empezando por la extranjera— ha trazado una semblanza distinta de Vélez, más ajustada desde nuestro punto de vista a la calidad de su obra y al contexto histórico y social de su tiempo, contribuyendo a recuperar su presencia tanto en el teatro como en la investigación académica española actuales. Pero es importante que recordemos brevemente su biografía, porque contiene bastantes elementos significativos en lo tocante al *Cojuelo,* que fueron objeto de nuestro estudio y reflexión a la hora de seleccionar los pasajes, fragmentos y hasta canciones que formarían parte de la versión y puesta en escena.

Nacido en Écija en 1579 y fallecido en Madrid en 1644, Luis Vélez de Guevara estudió Arte en el colegio jesuita de su ciudad («gratis, por ser pobre»), se licenció por la Universidad de Osuna y se puso poco después al servicio del cardenal Rodrigo de Castro, arzobispo de Sevilla. En 1600 viaja como soldado a Italia, sirviendo al conde de Fuentes y en 1607 se establece en Madrid, como secretario del conde de Salaña, hijo del duque de Lerma. A la caída de éste, ocupa el mismo puesto en las casas de Juan Téllez de Girón, marqués de Peñafiel y posterior IV duque de Osuna. Gracias al favor del conde-duque de Olivares, Vélez de Guevara prospera durante el reinado de Felipe IV con di-

---

[10] Fragmento de un romance de Luis Vélez de Guevara para el Conde de Olivares, y que inicia así: «Excelentísimo Conde/ y Duque - que no llegó/ todo cuanto en vos se junta/ a ser tanto como vos» . Recogido en *Algunas poesías inéditas de Luis Vélez de Guevara, por Adolfo Bonilla.* Publicado en la Revista de Aragón en 1902 y disponible en web. Archivo datado en la Biblioteca Nacional de Madrid.—Ms. 3797. ff. 27-280

ferentes cargos en su corte. En 1625 se le nombra ujier de la Cámara Real, puesto donde se mantiene durante más de dieciocho años. Según el destacado hispanista C. George Peale ningún otro autor de la época gozó de una cercanía mayor como observador «de los vaivenes, mañas y contingencias de Palacio»[11]. También según Peale, sus enlaces matrimoniales le situaron en una posición social poco común entre los autores.

Aún se especula sobre los matrimonios de Vélez (tres confirmados y uno posible en su juventud, del que no hay constancia oficial). De los tres, su primera esposa fue Úrsula Ramisi Bravo, en 1608, con quien tuvo tres hijos; uno de ellos, el también dramaturgo Juan Vélez de Guevara. Tras el fallecimiento de Úrsula (1617) se desposó con Ana María del Valle (1618), criada de la condesa de Cantillana; pero falleció al año siguiente, y no volvería a desposarse hasta 1626: esta vez, con María López de Palacios, con quien tuvo varios hijos que fueron apadrinados por nobles como el conde de Puñonrostro, el marqués de Alcañizares y Alonso de Tapia y Vargas, entre otros. Peale destaca los contactos con el poder que dichas personas pudieron proporcionar a Vélez; un lugar de privilegio para un poeta de su tiempo y, una vez más, toda una experiencia en lo tocante a la Corte.

Otra cuestión que sigue sujeta a debate es la supuesta procedencia judía de su familia, que lo habría convertido a los ojos de sus contemporáneos en un converso. El cambio de su apellido real (Vélez Santander) por uno de mayor alcurnia (de Guevara) fue objeto de no pocas polémicas, aunque cambiarse el apellido era una práctica común en su época; de hecho, también modificó el apelli-

---

[11] *Luis Vélez de Guevara: gran cortesano, gran poeta. Hacia una Historia revisionista de la Comedia Nueva.* C. George Peale.

do a su primera mujer, convirtiéndola en Úrsula Bravo de Laguna. En cuanto a su relación real con la casa de los Guevara, famosa desde el siglo XIV («pues soy varón Guevara/ y desde Ávila del Rey/ de los trescientos hidalgos/ que ganaron a Jerez»)[12], su propio hijo, el también dramaturgo Juan Vélez de Guevara, defiende la procedencia familiar del apellido (Llorente Vélez de Guevara, «uno de los trescientos caballeros que sacó de Ávila el Rey don Alfonso el Sabio para ganar a Jerez de la Frontera») en la carta que envía a José Pellicer, donde da cuenta de la biografía de su padre.[13]

Resulta de útil consulta, y también de obligada lectura para contrastar la biografía elaborada por Cotarelo, el estudio realizado por Marina Martín Ojeda y George Peale (*Historiografía, genealogía y onomástica: la cuestión del judaísmo de Luis Vélez de Guevara*)[14] donde si bien se menciona la antigua ascendencia judía de la familia, los autores enfatizan que sus raíces culturales ya han desaparecido del seno familiar, comportándose todos ellos como *perfectos cristianos*. Cuestionan también los orígenes y la educación supuestamente pobre del poeta, y aportan datos según los cuales habría crecido en un entorno familiar más o menos acomodado y estudiado en el colegio jesuita de Écija y no en la Universidad de Osuna, destinada a los jóvenes sin recursos; porque la crítica feroz de Cotarelo, que contribuyó a menguar la relevancia del poeta, se basaba fundamental-

---

[12] Del *Memorial* en verso dirigido al Rey por Luis Vélez de Guevara. 1929. Biblioteca Nacional de Madrid —Ms. 3797. ff. 253-256)

[13] *Biografía de Luis Vélez de Guevara escrita por su hijo Juan Vélez de Guevara*. Nota de publicación: «Escrita para José Pellicer, en la Posada, 20 de octubre de 1645.». Biblioteca Nacional de España.

[14] En la revista *Criticón*, 119/2017: *Luis Vélez de Guevara, dramaturgo: nuevas pistas y proyecciones críticas. Homenaje de Córdoba a Robert Jammes*. Disponible en su página web.

mente en eso: sus supuestos orígenes judíos, su familia "pobre" y su "mediocre" educación.

Los lectores habrán advertido ya que todas estas cuestiones, desde el origen y el linaje familiar hasta la posición económica y la educación (Cleofás es estudiante en Alcalá) son ejes fundamentales en el retrato social de *Cojuelo*, donde el empobrecido pueblo español no ve más camino para abrirse paso que el mercadeo con los linajes y apellidos, los falsos familiares, la milicia y, por supuesto, los oficios literarios o artísticos, que podrían contribuir a mejorar su posición social y, por añadidura, económica. Vélez de Guevara ironiza constantemente sobre dicha situación desde el principio de la novela, y alcanza sus cotas más altas en el pasaje del carro o casa de la Fortuna, donde expone a los poetas y artistas a los vaivenes de la diosa que, brillante y cruel, se burla de ellos.

2. Notas sobre la versión

Nuestra postura frente al texto fue la de respetar en la medida de lo posible la palabra original del autor[15], sin traicionar en demasía la potencia de su prosa, es decir, su espíritu. Ya estábamos cometiendo una gran traición al trasladar al escenario un discurso que, como el mismo Vélez afirma, nació «a luz concebido sin teatro original[16]»; pero el desafío merecía la pena, y no sólo por el placer de sumergirnos en un texto capital de nuestra literatura, sino

---

[15] Entiéndase 'respeto' como la asunción de la formalidad o manera, así como del texto, del autor original.

[16] *Prólogo a los mosqueteros de la comedia de Madrid.* Edición modernizada de *El diablo cojuelo*, de Luis Vélez de Guevara, Madrid, Imprenta Real, a costa de Alonso Pérez, 1641, basada en la edición de Francisco Rodríguez Marín (Vélez de Guevara, Luis, *El diablo cojuelo*, Madrid, La Lectura, 1918), Biblioteca Virtual Miguel de Cervantes.

por la sorprendente ausencia de adaptaciones o versiones del mismo[17]. En consecuencia, lo afrontamos en su totalidad, invitando al espectador a realizar el viaje propuesto por el autor: el viaje físico de los protagonistas por tierras de España y el viaje artístico e intelectual que recorre las tradiciones literarias del mundo greco-latino, el Renacimiento y el Siglo de Oro, donde las formas y corrientes más populares (refranes, dichos, coplillas, etc.) se entrelazan con la retórica culta en un original, depurado y exquisito conceptismo.

Aunque la propuesta estilística de Vélez entrañaba no pocas dificultades a la hora de llevarse a escena, éramos muy conscientes de que esa prosa exuberante, ese manejo atrevido y vanguardista del lenguaje y hasta su propia estructura *'a trancos'* ofrecía al público de hoy un texto del barroco español no sujeto al canon de las obras en verso de Lope, Tirso o Calderón, y distinto al de novelas como *El Lazarillo* o *El Buscón;* porque, a pesar de que una parte de la crítica la defina como «picaresca», *El diablo cojuelo* se escapa del género sin responder tampoco al canon decimonónico del concepto *'novela'* , aunque respete la linealidad de tiempo y acción y encaje en algunos aspectos en la «literatura de viajes». Su autor se refiere a ella como *«discurso»*, hermanándola con la obra de Marcial y Luciano, del que sin duda es deudor: tanto del *Icaromenipo* (al que rinde

---

[17] Durante el período de documentación, no encontramos más referencia a posibles adaptaciones teatrales de la novela que una representación de 1750 en Comayagua (actual Honduras). Sí se rodó, sin embargo, una película (la protagonizada en 1971 por Alfredo Landa) que, a pesar de las buenas intenciones con las que, aparentemente, comenzó el proyecto, se quedó en otro producto fallido de nuestro cine. El propio actor lo relata en la biografía que escribe sobre él Marcos Ordóñez: *Alfredo el Grande. Vida de un cómico* (Ediciones Aguilar, 2008).

homenaje en el texto)[18] como de la *Historia verdadera* o *Relatos verídicos*, el alucinante relato de viajes fantásticos que inaugura el género de la ciencia-ficción. Esta influencia greco-latina es común en la literatura y los autores de nuestro renacimiento y barroco, pero la fina irreverencia y el espíritu juguetón de Luciano se manifiestan de forma notable en el *Cojuelo*.

Existen ya numerosos estudios académicos (publicados y de fácil acceso) sobre la novela original[19], por lo que nos limitaremos a destacar someramente las cuestiones relevantes de un modo u otro a la versión y puesta en escena de nuestro espectáculo.

Entre los autores y obras que inspiran la sátira lucianesca, convendría destacar a Quevedo y sus *Sueños,* que la crítica ha relacionado a menudo con *El diablo cojuelo*. En nuestra opinión, tienen diferencias de estilo —e incluso de intención— evidentes, pero es indudable el respeto de Vélez por el maestro, al que cita directamente en la novela, aludiendo irónicamente a su enfrentamiento con Luis Pacheco de Narváez por sus diferencias en el arte de la esgrima.[20] No podemos obviar el tipo de relación que se

---

[18] «Don Cleofás, desde esta picota de las nubes, que es el lugar más eminente de Madrid, mal año para *Menipo* en los diálogos de *Luciano,* te he de enseñar todo...» *El diablo cojuelo*. Tranco I, final.

En la versión optamos por suprimir la frase de «mal año para Menipo en los diálogos de...» para ganar agilidad en el texto, pero incluimos en la misma y en la puesta en escena una proyección del retrato de Menipo de Velázquez en la primera escena de la Academia Burlesca.

[19] Además de los artículos que anotamos, invitamos a los lectores a consultar los trabajos de María Grazia Profeti, George Peale, Margarita Lavisi o Germán Vega García, entre otros.

[20] En el Tranco VI de la novela, en Córdoba, durante unos juegos de esgrima: «*... y acordándose don Cleofás de lo que dice el ingeniosísimo Quevedo en su Buscón, pensó perecer de risa, bien que se debe al insigne don Luis Pa-*

daba entre los autores del XVII ni los diálogos que mantenían no sólo en la vida real, sino también a través de sus obras, en las que no ocultaban las posibles *inspiraciones* o *influencias* de otros, que de hecho llegaban a reivindicar. Podían tomar un tema o relato ajeno y escribirlo desde su punto de vista, o utilizar frases ya escritas y hacer variaciones o presentarlas como 'dichos', por lo que es habitual encontrar *tópicos* que se repiten tanto en el teatro como en la prosa barroca. La originalidad se busca en el tratamiento, en la *forma* con la que el autor afronta el tema.

Emilio Cotarelo, por ejemplo, cita el vejamen[21] que escribió Rojas Zorrilla tras la Academia de 1637 (que casi le cuesta la vida, por cierto[22]) como fuente de inspiración de Vélez para escribir su *Cojuelo,* pero no tuvo por qué ser así:

---

checo de Narváez *haber sacado de la oscura tiniebla de la vulgaridad a luz la verdad de este arte...».* En la versión prescindimos de este pasaje, aunque sí utilizamos a Quevedo como personaje en la primera escena de la academia.

[21] Discurso o composición poética de índole burlesca que se leía en las Academias contra los mismos que formaban parte de ella. A Rojas Zorrilla se le encargó escribirlo después de la Academia de 1637 y lo leyó en la que se repitió en 1638. Puede consultarse en: «El vejamen de Rojas Zorrilla para la Academia de 1638. Estudio y Edición», de M. Teresa Julio (Universitat de Vic), publicado en *Revista de Literatura,* 2007, enero-junio, vol. LXIX, n.° 137, pag. 299-332. (Disponible en la red).

[22] Rojas Zorrilla leyó el vejamen en 1638, contestando a los insultos que había recibido el año anterior. Poco después fue apuñalado e incluso se corrió la voz de que había fallecido. Afortunadamente, se recuperó. En el vejamen, Rojas Zorrilla narra cómo, atormentado porque no quiere escribirlo, invoca la presencia de un diablo experto en esas lides y recibe la visita del demonio Mantelillos, con el que da un garbeo por Madrid, colándose sin ser vistos en las casas y haciendas de los que van a ser "vejados" para ser testigos de sus "faltas". Rojas Zorrilla no deja títere con cabeza y, aunque exponerse a la crítica era normal en la época, debió de ofender verdaderamente a alguien, que no dudó en apuñalarle o encargar el trabajo a otro.

el diablo era un personaje habitual en el teatro del Siglo de Oro y el propio Vélez juega con su presencia en las cédulas y memoriales que escribió para la Academia; y aunque fuera cierto, a Rojas Zorrilla no debió de importarle, porque ni dejó por escrito disconformidad alguna ni hemos encontrado ninguna anécdota al respecto en las crónicas de la época. La *coincidencia* de usar un diablo como personaje responde al contexto de unos autores en los que la literatura y el mundo literario se entrelazan naturalmente con la vida.

No está de más señalar otra novela un poco anterior, *Los antojos de mejor vista*, de Fernández de Ribera (1579-1631), publicada entre 1620 y 1625, que coincide con *El diablo cojuelo* en ofrecer una mirada aérea y por tanto deformada sobre la realidad; mirada que, por cierto, culminará tres siglos después en la obra de Valle-Inclán, a través de la propuesta estética del *esperpento*:

> «Comenzaré por decirle a usted que creo hay tres modos de ver, artística o estéticamente, el mundo: de rodillas, en pie, o levantado en el aire. [...] Esta es una manera muy española, manera de demiurgo (...) Quevedo tiene esta manera. Cervantes, también. (...) Esta manera es ya definitiva en Goya [...]»[23].

El viaje de Cojuelo y Cleofás nos traslada inevitablemente a *Luces de bohemia*, desde las coincidencias de expresiones, terminología y lenguaje hasta la conversión de la literatura y los oficios literarios en eje temático central, pasando por los espacios metafóricos de Vélez (la 'Calle de los Gestos', por ejemplo) y la propia similitud de los lugares donde transcurre la acción. También se prefigura en muchos pasajes el tono y la atmósfera de las *pinturas negras* de Goya, quien, no olvidemos, dedicó una de ellas a Co-

---

[23] De la entrevista *Hablando con Valle-Inclán*, publicada en *ABC* el 7/12/1928, por Martínez-Sierra.

juelo (*Asmodea, o La visión fantástica*, realizada para una de las paredes de su casa de la Quinta del Sordo), representándolo con aspecto de mujer, envuelta en un paño rojo.

El diálogo que entabla Vélez con la literatura grecolatina, los maestros del Renacimiento y sus contemporáneos lo sitúa en un hilo histórico-literario que llega a nuestros días y los atraviesa hacia futuros nuevamente lucianescos, incluso con detalles que, hasta hace poco, se consideraban de ciencia ficción. Puede que algún lector considere anacrónicos algunos elementos de nuestra versión (como el uso de pantallas y móviles que, obviamente, no existían en el XVII), pero ese diálogo que hemos mantenido entre lo clásico y lo actual es consecuencia de la propia obra y de la *tecnología* ya inserta en varias de sus escenas, que también entronca con el autor de Samósata:

«...Vi también otra maravilla en el palacio real. Un enorme espejo está situado sobre un pozo no muy profundo. Quien desciende al pozo oye todo cuanto se dice nosotros, en la Tierra; y si mira al espejo ve todas las ciudades y todos los pueblos, como si se alzara sobre ellos. Yo vi, a la sazón, a mi familia y a todo mi pueblo, pero no puedo decir con certeza si ellos también me vieron.»

Luciano (125-181). *Relatos verídicos.*[24]

---

[24] Luciano. *Obras I. Relatos verídicos*. Introducción general por José Alsina Clota. Traducción y notas por Andrés Espinosa Alarcón. Asesor para la sección griega: Carlos García Gual. Biblioteca Clásica Gredos, 42. Editorial Gredos, S.A. 1986.

Foto 1: *El diablo cojuelo*, espectáculo dirigido por Aitana Galán
a partir de la versión de Jesús Gómez Gutiérrez y ella misma
de la novela de Luis Vélez de Guevara.
En la imagen, Críspulo Cabezas, Gloria Albalate,
Silvia Espigado, Agnes Kiraly y Juan Alberto López.
(La Radical Teatro, 2020.)

3. Intervenciones en el texto original

Para realizar la versión trabajamos sobre el texto modernizado, cotejándolo con el original y consultando diversas ediciones del mismo que, en su mayoría, parten de la versión al castellano actual realizada por Francisco Rodríguez Marín en 1918[25]. Como ya hemos señalado, nuestra primera intervención fue la de prescindir de los fragmentos que consideramos menos relevantes o de contextualización más difícil para el espectador de nuestra propuesta, que situaba la literatura como eje principal de la acción.

El punto de partida, la Academia, servía de referencia tanto para la Academia del Buen Retiro de 1637 (de la que Vélez fue presidente) como para la Academia Burlesca de Sevilla, que se desarrolla en los trancos IX y X del texto original, y a la que volveríamos al final del espectáculo. Además, esto permitía abrir la función con la figura del autor, sentar las bases del juego entre realidad y ficción que se desarrolla a lo largo de la obra y hacer consciente al espectador de sus referencias constantes a la literatura, frecuentemente ocultas en el texto.

La escena inicial, que tiene lugar entre la Intermediaria de la Casa Mendoza y el Poeta es de autoría nuestra, y está

---

[25] *El diablo cojuelo*, de Luis Vélez de Guevara. Clásicos Castellanos. Prólogo y notas de Francisco Rodríguez Marín, 1922.

El diablo cojuelo, de Luis Vélez de Guevara. Edición digital de la Biblioteca Virtual Miguel de Cervantes. Edición modernizada de *El diablo cojuelo*, de Luis Vélez de Guevara, Madrid, Imprenta Real, a costa de Alonso Pérez, 1641, basada en la edición de Francisco Rodríguez Marín (Vélez de Guevara, Luis, *El diablo cojuelo*, Madrid, La Lectura, 1918)

El diablo cojuelo, de Luis Vélez de Guevara. Edición de Enrique Rodríguez Cepeda. Cátedra. Letras Hispánicas, 2007.

inspirada en una crónica de la época donde se relata una situación paralela que vivió el propio autor cuando trataba de encontrar financiación para la publicación de *El diablo cojuelo*. Los versos satíricos son de Vélez, y corresponden a memoriales y poemas inéditos recopilados por Adolfo Bonilla en 1902.

Los personajes reales que se nombran en la Academia (Ana Caro de Mallén, Álvaro de Cubillo, etc.) aparecen también en la academia sevillana de la novela original. Decidimos incorporar a Quevedo no sólo por la relación entre sus *Sueños* y *El diablo cojuelo*, también por hacer un guiño al apodo con que se conocía en Madrid al poeta, que no era otro que "Diablo Cojuelo". Los versos que ambos recitan son, evidentemente, suyos: de *Valor, agravio y mujer* los de Ana Caro, y los de Quevedo, de «*Sueño del Infierno*» *(Los Sueños)*. Por otra parte, los diálogos en verso con los que se interrumpen las premáticas corresponden a versos del propio Vélez, seleccionados de algunos de sus entremeses.

La transición de la Academia a la escena del poeta escribiendo la novela viene precedida por la incorporación como texto monologado del *"Prólogo a los mosqueteros de la comedia de Madrid"*, incluido en la edición original. Se trata de un escrito demoledor e imprescindible, en nuestra opinión, para acercarse a la figura del autor y al sentido de la obra que se traía entre manos; un autor de éxito que arremete contra la ignorancia del público.

Ese tipo de intervenciones, donde Vélez se cita a sí mismo con textos suyos ajenos a la novela propiamente dicha (rompiendo en algunos casos la línea de acción principal, y enfatizando en otros el contexto de la situación) se suceden a lo largo de todo nuestro relato escénico.

Además del "Prólogo a los mosqueteros de la comedia de Madrid", están incluidos en la versión:

— la *Carta de recomendación al cándido o moreno lector*, también publicada en la edición original de la novela. En nuestra versión la utilizamos para transitar del tranco I al II, estableciendo una ruptura clara de la acción central.

— una *carta dirigida al rey*, fechada en 1631, con la que pasamos del tranco IV al V. La carta ejerce de duro contraste entre el ambiente festivo que viven los personajes y el contexto real, de escasez, en el que se encuentra el autor. La ironía sobre ese Madrid donde «*hay tanta abundancia de poetas*» coincide con la salida de Cojuelo y Cleofás de precisamente Madrid (rumbo a Toledo) e inicia el viaje de ambos por esa España precaria, para acomodarse finalmente en Sevilla.

— el *testamento* del propio Vélez, con el que enlazamos el tranco VII con el IX original (el VIII en la versión), supone el tránsito del alegórico desfile de la Casa de la Fortuna a la llegada de los personajes a Sevilla, que nosotros iniciamos en "el garito de los pobres".

— fragmentos de la *oración* que Vélez pronuncia en la Academia del Buen Retiro, como presidente de la misma, y que escribe en prosa y no en verso, como era lo habitual, porque harto había ya «...sudado en cuatrocientas comedias (...) sin contar los niños y viejos, que son los romances, sonetos, décimas...» que incluimos en el tranco final, de nuevo en la Academia.

El resto de los materiales biográficos y literarios de Vélez presentes (aunque no en boca de su autor), son por un lado el inventario de sus propiedades (que realiza para repartir entre sus hijos antes de casarse con su última esposa, María de Palacios, en 1926), citado en parte por Cleofás y otros poetas de la academia en el último tranco y, por otro, fragmentos muy breves del entremés *La burla más sazonada,* con los que 'rescatamos' a Tomasa en un plano distinto a la acción principal al final del Tranco III (sustituyendo el nombre original del entremés, *"Merluza",* por *"Tomasa")* y con los que presentamos a los cómicos en plena actuación cuando llegan a la Venta de Durazatán, en el Tranco V.

Las intervenciones estructurales (adelantar una escena, simultanear trancos distintos, introducir apariciones inexistentes en el original, etc) responden a la intención de mantener vivas las diferentes líneas de acción y recorrido de los personajes en una forma narrativa acorde a la recepción del espectador de hoy. Los cambios más significativos han sido:

— anticipar parte del inicio del Tranco IV en el II, alternando al personaje del *Astrólogo,* con la acción principal, en la que Cojuelo muestra los entresijos de Madrid a Cleofás.

— la otra parte del inicio del Tranco IV (la reunión de los demonios en el infierno) está intercalada al final del Tranco II, como transición al III.

— Los acontecimientos de los trancos VIII, IX y X del texto original, que transcurren en Sevilla, han sido significativamente reordenados en la dirección que nos pedía la línea dramatúrgica que habíamos establecido. Como ya hemos indicado, comenzamos Sevilla en el "garito de los pobres" tanto para introducir al espectador directamente en la acción como para aprovechar la línea dramática que nos abría la delirante y magnífica escena del desfile de la Fortuna, con los grandes poetas como «lacayos» y «corchetes»: las deudas de Vélez, seguidas del garito de los pobres, cierran un bloque temático que nos permitía volver de manera fluida a la acción principal de la novela.

Tras los pobres, anticipamos el retorno a la Academia, con la misma canción que tararea Ana Caro al inicio del espectáculo, pero esta vez en boca de Rufina María; y, antes de la escena del espejo, intercalamos el relato que recupera al Astrólogo (ya fallecido) y a Tomasa (que está viajando a Sevilla para encontrar a Cleofás) para enlazar el final de dicha escena con la la llegada de ésta y su encuentro con Cleofás en la Academia sevillana. Nos servimos de una canción y del soneto que Cojuelo recita en la Academia para situar allí la acción hasta el desenlace final.

Debemos puntualizar que las canciones que proponemos los autores de la versión son ajenas a la novela y no pertenecen tampoco a otros textos de Vélez, a pesar de que en su teatro, muy musical, abundan las coplillas, los bailes, los romances, etc. En este caso, nos interesaba contar con materiales populares y temas que reflejasen el contexto en el que se escribió la novela y se adecuaran a los clímax o momentos emocionales del espacio sonoro que habíamos propuesto.[26] Los temas que incorporamos a la versión son:

— *Por la tu puerta yo pasí*, una canción sefardí antigua (que canta Ana Caro para abrir la Academia y se repite en el último tranco) como guiño a la condición de supuesto converso de Vélez de Guevara.

---

[26] Entre los temas originales de Vélez de Guevara no encontramos los materiales adecuados que buscábamos; sin embargo invitamos a los lectores a leer el estupendo artículo de Lola Soja, "Reflexiones sobre la música como principio rector en el teatro de Luis Vélez de Guevara", publicado en la revista *Criticón*, 129 | 2017 y disponible en la Red, donde destaca la importancia de la voz cantada (o tono humano) en el teatro de Vélez, así como el sentido musical con el que dotaba al romance, estableciendo un puente entre su teatro y el teatro musical posterior.

— *Vuestros ojos tienen d'amor no sé qué...*, un bellísimo tono humano (anónimo español del XVII).

— *Yo soy la locura*, de Henry du Bailly (1590-1637), una conocida y hermosa folía, con la que acompañamos la muerte de *Narciso* y enfatizamos otro personaje alegórico (*Locura*), uno de los tópicos más importantes de nuestro barroco.

— *Hoy comamos y bebamos*, villancico del maestro Juan de la Enzina, del siglo XVI. Otro tema muy conocido que refleja el espíritu vital de la España renacentista y barroca, muy presente en las enseñanzas de Cojuelo a Cleofás.

— La jota popular *A la mancha, manchega...* que hace un guiño al *Quijote* de Cervantes, justo en el mesón de la sevillana de Toledo, donde el autor escribió *La ilustre fregona*.

— *Help me, Bob...*, del repertorio popular inglés. Una canción típica de piratas y tabernarios que incluimos en apoyo del contexto: el enfrentamiento de Cojuelo y Cleofás con el grupo de extranjeros en la venta de Sierra Morena.

— *No piense Menguilla*, un magnífico tono humano del tenor y compositor español José Marín (1618-1699) que Cleofás dedica a su 'amada'. Por razones obvias, sustituimos el nombre de Menguilla por el de *Tomasa*.

Como hemos señalado, textual y escénicamente nos interesaba que las canciones estuviesen conectadas con una raíz popular: primero, porque la acción tiene lugar fuera de la Corte, ya sea en la ciudad o en el campo, y segundo porque la dirección del espectáculo quería alejarse del estilo 'cortesano' y de los tonos operísticos o clericales con los que a menudo se trata la música antigua española. En España el *pueblo* suele cantar bien y mucho, y la intención era la de encontrar ese tono popular —delicado y sutil pero ajeno a toda impostación— que nos permitiese, además, versionar musicalmente las piezas acercándolas al mundo contemporáneo.

A pesar del inmenso repertorio de nuestro cancionero renacentista y barroco, siguen siendo muy pocos los temas que llegan a editarse y, muchos menos, a versionarse, algo del todo inaceptable teniendo en cuenta el altísimo nivel de nuestro patrimonio musical (no hay duda de que otros países les habrían dado fama internacional). Las canciones seleccionadas pertenecen a ese cancionero 'accesible' que han rescatado y editado —asumiendo frecuentemente los costes ellos mismos— muchos músicos y grupos de música antigua del país[27]. Pablo Hernández Ramos, nuestro compositor y saxofonista, junto con Álex Huelves (pianista) y los actores/cantantes Gloria Albalate y Críspulo Cabezas interpretaron las versiones elegidas por nosotros adaptando los tonos a sus voces y al universo musical que se estaba creando en el espectáculo.

4. El coro y los coros

Los autores de la versión fuimos conscientes desde el primer momento de que la versión que estábamos escribiendo se iba a llevar a escena, por lo que las decisiones que tomamos estaban dirigidas a facilitar o potenciar el espectáculo. La primera de ellas fue la de proponer un relato coral del que los actores pudieran entrar y salir de forma

---

[27] Hemos acudido a numerosas fuentes, pero vaya nuestro agradecimiento a los grupos y cantantes de los que hemos bebido más y a los que sería injusto no citar, como Soledad Bravo y Dina Roth, en sus versiones de canciones sefardíes; la soprano Raquel Andueza y su banda "La Galanía"; el grupo "La Reverencia"; la soprano María Sala junto a "El canto de las vihuelas" y la banda internacional "Elfenthal", con Maite Itoiz y John Michael Kelly a la cabeza, especialistas en música medieval fundida con el rock.

fluida. Además de facilitarnos el uso del lenguaje narrativo dentro de un plano teatral, el coro nos permitía también enfatizar y representar a otro protagonista de la novela: el *pueblo*, el personaje observado, fundamental en la obra de Vélez.

Contábamos con cinco actores y dos músicos para interpretar más de sesenta personajes; la mayoría, esporádicos, pero importantes por simbolizar un *carácter*, una alegoría o un tipo concreto y reconocible de nuestra tradición teatral. El relato coral nos ayudó a establecer un código de juego asumible para el espectador y propició que el elenco desempeñara cada papel de manera *fácil* y orgánica, evitando que los cambios resultasen forzados y restasen agilidad al relato escénico.

Además de los coros de poetas, locos, viejas, ciegos, diablos y diablas que se dan a lo largo de la obra, queremos detenernos en aquellos a los que dimos un tratamiento especial en la versión:

1.- *El coro de voces*

Puede que a algún lector le sorprenda que hayamos pasado varios fragmentos de prosa a verso libre; pero, al igual que utilizamos con libertad el verso y la prosa en toda la versión, cuando la poética del lenguaje narrativo nos inclinaba a no utilizar la linealidad física de la prosa escrita, optamos por proponer formas en verso que, desde nuestro punto de vista, facilitaban la compresión de un texto admirablemente abrumador en no pocas ocasiones.

El verso libre ayudó a los actores (primeros lectores de la versión) a visualizar las situaciones y descripciones que propone el autor y también a estudiar el texto, que, en el caso de los *coros de voces y* dada la precisión formal que exige ese arranque de la novela, requirió que todo el elenco se aprendiera el texto íntegro del coro (no sólo "sus partes") a fin de evitar cualquier rengloneo, pausa indeseada o atropello que pudiera dar al traste con el clima mágico que genera la intensidad de la palabra en ese inicio del relato.

Esto, que puede parecer un simple comentario anecdótico sobre el proceso de ensayos, está no obstante relacionado con el título de estas notas. En cada ensayo, en cada representación, el objetivo inicial era el mismo: había que levantar una catedral de palabras, porque la fuerza motora de nuestro montaje era literalmente la potencia poética de la palabra de Vélez de Guevara, con el juego conceptista de muñecas rusas que subyace bajo su dominio de los múltiples recursos formales de la retórica. Pero una catedral no se levanta sólo poniendo piedra sobre piedra: hay que hacer los planos, poner los cimientos, alzar muros, diseñar vidrieras y levantar arcos, columnas y bóvedas para llegar al cielo, apuntando alto.

El "Coro de Voces" inicial se retoma en el segundo y tercer tranco y al final de la función, con el mismo estilo y las mismas exigencias formales.

2.- El coro de nombres

La profusión de nombres propios de señores, casas, marqueses, duques, obispos, cancilleres, príncipes y demás fauna cortesana que aparecen en *El diablo cojuelo* puede resultar desconcertante para el lector de hoy, que no está acostumbrado —tampoco en literatura de ficción— a relaciones tan largas. Pero no son sobrantes en absoluto, porque se trata de los dueños del país, de las tierras, de su política, de los propios acontecimientos que desembocan en ese «ahora todo es guerra» de Cleofás en su enfrentamiento con el grupo de extranjeros. Según algunos estudiosos, Vélez se vio obligado a citar a los personajes nobles o destacados para ganarse su favor y que *perdonaran* cualquier comentario satírico que pudiera ofenderles. Lo cierto es que dejó documentado quién era quién y qué peso tenía en la Corte española del XVII, enfatizando al mismo tiempo la frontera entre el poder y el pueblo.

Para afrontar escénicamente dichas relaciones y que no interfirieran en la acción ni la frenaran, las convertimos en varios *coros de nombres de nobles y señores,* con distintas funciones y tratamientos, aunque presentes a lo largo de toda la obra: el primero tiene lugar al final de la primera academia, como respuesta a la frase «*Poetas sin señores, ni en los sueños existen*»: los poetas saludan y se inclinan ante los señores imaginarios citando sus nombres. Otros funcionan como telón de fondo: un eco de susurros de nombres de los señores dueños de las tierras por donde pasan Cojuelo y Cleofás (paso del tranco V al VI); otros, como *voces de guerra.* Se trataba de crear un espacio sonoro vocal que contextualizara histórica y sociológicamente el relato y las vidas de los personajes y diera presencia al poder de la Corte, ausente en la novela como personaje.

3.- *El coro de los pobres*

Fiel al espíritu de los grandes escritores de su época, Vélez no se olvida de incluir en su relato a los estratos sociales más bajos. En Sevilla dedica un pasaje a describir el "garito de los pobres", un tugurio al que acuden los que piden en las calles y al que pasan, sin ser vistos, Cojuelo y Cleofás. La larga relación de los apodos de los personajes y del porqué de los mismos bien podría haber inspirado a Valle-Inclán en la creación de algunos de sus *Dramatis Personae* porque, una vez más, los dos escritores parecen ir de la mano.

A partir de dicha relación de apodos, creamos un coro específico, con la idea de potenciar su textura y significado, interrumpiendo en apariencia el relato que en este caso protagoniza Cleofás.

El coro de los pobres rivaliza socialmente con el coro anterior: el de *Fortuna*, donde eran los nombres de los poetas y filósofos antiguos los que resonaban (en las voces de las diablas). También rivaliza en el tono, delirante en el caso de Fortuna y más que terrenal en el garito, ayudando a crear una línea que sujeta las dos fuerzas que se oponen (boato y miseria), fundamentales en la temática barroca general.

5. Últimas consideraciones

Llevar al teatro una propuesta estilística tan intelectual como la que plantea Vélez en el *Cojuelo* entrañaba grandes dificultades, empezando por la más evidente: la pérdida de la polisemia original de la novela y de los distintos planos de lectura que propone el autor en cada línea escrita. Es obvio que ni el lector ni el espectador de hoy cuentan con recursos culturales y contextuales que les permitan acceder directa e instantáneamente a los múltiples sentidos y niveles de lenguaje del juego del autor; aunque tampoco los tenían los espectadores de la época, como ironiza Vélez en el prólogo a los mosqueteros. Sin embargo, la cuestión no nos desalentó: el espectador de hoy podía no entender intelectualmente "todo", podía no entender una o varias palabras concretas, pero podía entender sensorialmente ese "todo" si nos apoyábamos en el brío y la intensidad de la prosa de Vélez. Ocurre con muchos textos clásicos y ocurre también con autores como Valle-Inclán, creador de un lenguaje literario propio: la fuerza expresiva de la palabra es tan arrolladora que tiene la capacidad de *hechizar* al lector/espectador, más allá de sus recursos culturales y, específicamente, su conocimiento del idioma[28].

La palabra no apela sólo al intelecto. No es sólo un vehículo de información más o menos digerible. La palabra es física, tiene cuerpo propio; tanto sobre el papel del lenguaje escrito como sobre el escenario del hablado.

Al igual que en la creación de imágenes escénicas se asumen signos muchas veces desconocidos para muchos espectadores y se acepta la existencia de diferentes niveles de lectura (asumiendo por tanto que habrá espectadores que no capten tal o cual cosa), también se debería aceptar que el tratamiento de la palabra se aleje del patrón que impera en el teatro y la literatura actuales y permitir que el público del s. XXI descubra la potencia del idioma castellano sin simplificaciones que a veces destruyen, más que *traducen*, las obras.

6. Estilística de la puesta en escena

Como en el proceso de escritura, el diálogo entre el barroco español y el mundo contemporáneo fue uno de los ejes en los que se apoyó todo el equipo artístico (espacio escénico, vestuario, iluminación y video-escena, música). La propuesta general consistía en hacer un espectáculo fácilmente adaptable a cualquier espacio (teatral o no teatral, al aire libre o con la escena cubierta), por lo que trabajamos con la idea de 'concierto' como concepto espacial. La presencia permanente de los músicos en la escena, sus instrumentos (saxo, teclado y sintetizador), los atriles y la microfonía (que utilizamos en diversas ocasiones para en-

---

[28] Ciertamente, el hechizo se puede convertir en rechazo, quizá por falta de costumbre o porque el trabajo no esté bien hecho. Es uno de los riesgos del teatro.

fatizar momentos o intervenciones concretas de los personajes, como Cojuelo en la redoma, el tribunal del infierno, el coro de viejas, Cienllamas y algunas canciones) nos situaba ya en ese espacio que acompañamos con otros elementos escenográficos más vinculados al XVII: dos bancadas, taburetes y dos grandes mesas con ruedas, en madera roja, para significar los distintos espacios de la acción. Los cambios de mobiliario, de utilería y de personaje formaban parte de la acción y movimiento escénico y los realizaban los actores, a vista de público y de forma fluida, integrados en la acción general.

Tanto la iluminación como las proyecciones se dirigieron a potenciar esta idea de "concierto" además de ayudarnos a crear una atmósfera etérea o didáctica (sin dejar por ello de ser sugerente) cuando así lo necesitábamos.

Las imágenes que proyectamos hacen referencia a todo ese universo de Vélez de Guevara al que ya nos hemos referido, y subrayan algunos aspectos que podían quedar fuera del alcance de la palabra hablada. Incorporamos a la escena las imágenes de:

1.-El retrato de Menipo, de Velázquez, para iniciar la academia, en referencia al *Icaromenipo* de Luciano y como homenaje a él y a Diógenes, de clara influencia en la novela.

2.-El plano de Madrid de Texeira, de 1656. Hicimos un video con el plano en movimiento para la escena de Cojuelo y Cleofás en la torre de San Salvador (Madrid de noche), y utilizamos una imagen estática cuando saltan a las calles (Madrid de día).

3.- Mapa de España de 1635-40, en imágenes fijas (venta de Durazatán) y en movimiento, mostrando la ruta que hacen los protagonistas (perseguidos por Chispa y Redina)

4.- Mapa de las constelaciones celestes del cartógrafo Frederik de Wit (finales del siglo XVII). Videoescena en leve movimiento que se proyecta en el descanso nocturno de Cojuelo y Cleofás en el campo.

5.- Una pepita de oro. Imagen realizada con la textura de una pepita de oro, para iluminar el fondo de escena del Carro de la Fortuna.

6.- Imagen del cuadro "El perro", de Francisco de Goya, de 1819, para la escena del garito de los pobres de Sevilla, como elemento atmósfero-lumínico. Volveremos a usarla casi al final, en el "Pronóstico y lunario" que conjura Cojuelo en la Academia.

7.- Fragmento de "Vista de Sevilla", atribuida a Sánchez Coello, siglo XVI, que compartirá espacio con el plano de Texeira durante la escena del espejo.

8.- Imagen de "El bufón don Diego de Acedo, el Primo", de Velázquez, para marcar la vuelta, de nuevo, a la Academia.

9.- Imagen de "Visión del Apocalipsis" de El Greco (1610) para cerrar la función.

[Hacemos un inciso para puntualizar que no cerramos la obra con El Greco únicamente por el valor estético y simbólico de dicho cuadro en la acción, sino también como guiño a la faceta de director de escena de Vélez de Guevara: Cuentan las crónicas que en la puesta en escena que realizó en Palacio de *El Primer Conde de Orgaz, o El servicio bien pagado*[29] trató de representar con tanta exactitud *El entierro del Conde de Orgaz* de El Greco que pasó noches

---

[29] Una probable obra de encargo para la conmemoración de un santo.

en vela para llevar a cabo la faena, desesperándose porque no conseguía meter a tanta gente en el escenario como había en el cuadro. El Greco nos conecta con ese Vélez director de escena y escenógrafo, interesado por la tramoya, la escenotecnia, la música, etc. Sorprende el desconocimiento del gran público de las múltiples facetas que desarrollaron nuestros autores en el arte escénico y sorprende aún más lo poco que se habla de ello, más sí tenemos en cuenta que su interés por el aparato escénico determinó de manera decisiva el estilo de muchas de sus obras (con batallas y peleas que exigen puestas en pie sofisticadas, en el caso de Vélez) y, sin duda, el estilo de *Cojuelo*, brillante y febril. No está de más recordar las palabras de Cervantes, que celebraba «el rumbo, el tropel, el boato, la grandeza de las comedias de Luis Vélez de Guevara»[30] ni la ironía del propio Vélez al hacer un trasunto de sí mismo en el Poeta Loco de la posada de Toledo («… Derribárase el corral y dos calles junto a él para que quepa esta tramoya que es la más portentosa y nueva...») y que, seguramente como él, fue a menudo objeto de burla y crítica por escribir comedias "de ruido". Lo cierto es que sin el interés por la escena que demostraron autores como Vélez o Calderón, el arte escénico español no habría podido desarrollarse como lo hizo, ni se habrían generado géneros tan específicos como la zarzuela, los pequeños musicales populares o las comedias de magia que deleitaron tanto a los públicos del siglo posterior.]

Al realizar un espectáculo adaptable a diversos espacios, ya sabíamos que no todos podrían asegurar la nitidez

---

[30] «Prólogo al lector». En *Ocho comedias y ocho entremeses nuevos nunca representados*. Miguel de Cervantes. Ed. digital en Biblioteca Virtual Miguel de Cervantes.

de las imágenes, por lo que la mayoría de ellas funcionan también como elementos lumínicos que transforman fácilmente un fondo arquitectónico o propician un clímax determinado.

Foto 2: Imagen de *El diablo cojuelo*, espectáculo dirigido por Aitana Galán a partir de la versión de Jesús Gómez Gutiérrez y ella misma de la novela de Luis Vélez de Guevara. (La Radical Teatro, 2020)

A esta idea de 'concierto' se sumó igualmente la concepción del figurinismo, de inspiración barroca y atravesado por el mundo de la música rock y los estilos post-punk. El cuero, el plástico, la piel, las tachuelas, las botas, los corpiños, los chalecos, los colores negro, blanco, rojo y crudo formaron la base del vestuario de los personajes que podían moverse de manera natural tanto en una pelea con espadas como a golpe de micro. Más que 'actualizar' — palabra que evitamos-, se trataba de transitar de manera fluida a través de códigos que se han desarrollado en el tiempo sin perder su raíz y que, con frecuencia, son de origen mucho más antiguo de lo que se tiende a pensar.

Durante los ensayos hablamos a menudo de "tradición" (palabra maldita en la escena española hasta hace pocos años) y de "obra fundacional", conceptos que fuimos desgranando a medida que poníamos en acción el viaje literario, sociológico, estético, musical y dancístico que nos proponía la novela. Una vez más, no nos interesaba tanto el hecho de 'reproducir' determinadas formas como el de indagar en ellas para descubrir los elementos expresivos que resonaban en nosotros, invitándonos a profundizar.

Como los lectores imaginarán, no puede afrontarse un trabajo de tal envergadura sin la entrega y el compromiso de un elenco solvente y afín, dispuesto a aprender y desaprender tanto el texto como el montaje de escenas íntegras que, aunque se ensayaron, no llegaron al estreno.

El reparto de nuestro montaje se estableció de la manera siguiente: Silvia Espigado asumió el rol del Diablo Cojuelo, Críspulo Cabezas (y Quique Mongay en algunas funciones) el de Cleofás; Nelson Dante (en Almagro) y Juan Alberto López (después) el de Luis Vélez de Guevara y las actrices Agnes Kiraly y Gloria Albalate, los papeles de Doña Tomasa y Ana Caro/Cantante respectivamente además de la mayoría de los personajes del pueblo y del infierno (apoyadas por los otros actores, que también se desdoblan). Un trabajo ímprobo, que exigía flexibilidad y amplios registros expresivos que resolvieron de forma sobresaliente.

De igual manera, el compositor y músico Pablo Hernández Ramos y el pianista Álex Huelves se convirtieron en otra pieza clave en la realización del espectáculo. Las variantes jazzísticas de marcado carácter mediterráneo han sido, entre otros hallazgos, aportaciones sumamente valiosas en su tono general.

El equipo artístico que nos acompañó también supo adaptarse en todo momento a las necesidades e idiosincrasia del trabajo que estábamos realizando, así como al proceso de una producción independiente, financiada con reducidos créditos bancarios y sin ayudas públicas. Silvia de Marta en el diseño de escenografía y vestuario, Sol Curiel en la realización del vestuario, Alfonso Pazos en la videoescena y diseño de luces, Marta Sánchez-Medel en el movimiento escénico y Aitor Pazos Galán en diseño gráfico y de cartel ayudaron con su labor a materializar muchas de nuestras ideas.

Debemos añadir que todo ese trabajo habría sido imposible si no hubiéramos tenido la inmensa fortuna de que Ignacio García, director del Festival Internacional de Almagro por entonces, prestase atención a la propuesta que le enviamos y nos invitara a formar parte de la programación de ese año. Sabemos que era una decisión arriesgada porque se trataba de un estreno, de un proyecto ambicioso y de una producción independiente, lo cual hace que nuestro agradecimiento a él y a su equipo sea aún mayor. Puede que los escritores y creadores de hoy no busquemos la confianza de los nobles de la Corte, pero necesitamos el apoyo de las instituciones, al igual que los poetas del siglo

XVII; sobre todo, cuando se proponen proyectos que se escapan de los criterios dogmáticos de un mercado que, en nuestra opinión, está acabando con la pluralidad de los estilos. La confianza de Ignacio al llevar *Cojuelo* al Corral de Comedias —el espacio donde queríamos estrenar— fue fundamental para nuestra versión, y sería del todo inaceptable que no lo citáramos aquí.

Por último, queremos extender nuestro agradecimiento al excepcional elenco de la obra (Silvia Espigado, Críspulo Cabezas, Juan Alberto López, Nelson Dante, Agnes Kiraly, Quique Mongay, Gloria Albalate, Pablo Hernández Ramos y Álex Huelves), que se enamoró del trabajo desde el primer día y fue capaz de tener presente en ensayos y funciones el placer de hacer teatro a lo grande: sin miedo, sin reservas, con ganas y alegría. El placer de levantar una catedral de palabras.

El diablo cojuelo

de

LUIS VÉLEZ DE GUEVARA

Versión teatral de
JESÚS GÓMEZ GUTIÉRREZ y
AITANA GALÁN

Foto 3: Imagen de *El diablo cojuelo*, espectáculo dirigido por Aitana Galán
a partir de la versión de Jesús Gómez Gutiérrez y ella misma
de la novela de Luis Vélez de Guevara.
(La Radical Teatro, 2020)

PERSONAJES:

INTERMEDIARIA, de la casa Mendoza
LUIS VÉLEZ DE GUEVARA, poeta
COJUELO, diablo
CLEOFÁS, estudiante
CORO DE POETAS
MÚSICOS
ANA CARO, poeta
QUEVEDO, poeta
POSADERA
CORO DE VOCES
TOMASA DE VITIGUDIÑO, doncella de boquilla
CABALLEROS DE TABERNA
PARTURIENTA
MATRONA
CONSORTE, indigno
CURANDERA
LA JOVEN
BRUJAS
DEMONIO CABRÓN
BODEGONERA, rica
ASTRÓLOGO
DIABLEJO ZURDO
UN AMANTE
CHICA DE LA CALLE
DEMONIA
CORO DE DIABLAS Y DIABLOS
CORO DE GESTOS
CORO DE VIEJAS
CHICA DE ANUNCIO
FREGONA
AMA
PASCUAL, regidor
LOCA CONVALECIENTE
CORO DE LOCOS

CIEGO ENAMORADO
CABALLERO CON HALCÓN
NARCISO
LOCURA
MALAS SOMBRAS
TABERNERA
PAISANO
SOLDADO
POETA LOCO
ZANCADILLA, demonio espía
VENTERO
ITALIANO
FRANCÉS
INGLÉS
TEDESCO
ACTOR, autor de compañía
ACTRIZ 1, Ana María, Primera Dama
ACTRIZ 2, Mariana, Segunda Dama
APUNTADOR
CIENLLAMAS, demonio comisionario
CHISPA, corchete, demonio
REDINA, corchete, demonio
CORO DE CIEGOS
DIABLAS DE LA FORTUNA
PIEDEPALO
UNA POBRA
CORO DE POBRES Y POBRAS
EL DUQUE
EL MARQUÉS DE LOS CHAPINES
UN SOLDADO, amante
UN ALGUACIL
UN ESCRIBANO, del número

(Encuentro entre una Intermediaria de la casa Mendoza y Luis Vélez, poeta, al que acompañan discretamente dos de sus personajes: Cojuelo y Cleofás. Madrid, en el año de mil seiscientos treinta...y tal y tal y tal).

LUIS VÉLEZ.– ¿Qué ha dicho su excelencia de lo mío?

INTERMEDIARIA.– Que es usted un pedigüeño.

LUIS VÉLEZ.– ¿Pedigüeño?

INTERMEDIARIA.– Sí, eso ha dicho. Pedigüeño.

LUIS VÉLEZ.– ¿Por dedicarle en exclusiva un libro y pedirle a cambio que me financie el papel?

INTERMEDIARIA.– Ya, pero no sabe si usted se lo ha ofrecido a otros, ni conoce el precio del papel, ni sabe nada de la substancia de la obra ... ni si toca cosa alguna... o de su casa...

LUIS VÉLEZ.– Yo no haría nada que pudiese importunarle. Su excelentísimo me conoce hace tiempo... y sabe que en todo Madrid se celebra mi carácter afable, discreto y cortés.

INTERMEDIARIA.– ¿En todo el Madrid que le llama el «importuno Lauro»?

LUIS VÉLEZ.– Bueno, bueno, trasládele estos versos que escribí para el rey, y dígale que soy:

«Luis Vélez, Luis Vélez [...]
que tiene a su cargo y todo
una familia, de quien son los
interlocutores tres hijos y una
mujer, que no son camaleones,
y es fuerza quedar con que
puedan comer por lo menos,
que es lo más que puede ser.»

(Cojuelo y Cleofás asienten a las palabras de su creador y son-
ríen, cómplices).

INTERMEDIARIA.– Si el libro no es cosa de juguete y
tiene sustancia, quizá se avenga a financiarle el papel.
Entienda que no están las haciendas para semejantes
desperdicios...

LUIS VÉLEZ.– Ah, la moda de este siglo...

(El poeta se dirige a sus personajes y a un público imaginario,
recitando con retranca unos versos que escribió siendo más joven,
pero apropiados para la ocasión).

«No hay Marqués de Villafranca
ni Conde Partinuplés.
Todos son por un rasero
marqueses de Peñafiel,
condestables de *No escuches,*
mariscales de *No vés.*
Tan fanfarrones de bolsas,
tan escollos de arancel,
que aunque con plagas les pidan,
no darán ni un alfiler.»

(Bravos, comentarios y acordes musicales transforman la escena).

POETA 1.– ¡Mirad! ¡Luis Vélez!

POETA 2.– ¡Sin su corte de poetas que le sirven de lacayos!

(Todos ríen la broma).

(Cojuelo y Cleofás se camuflan entre los poetas, literatos y músi-
cos que ocupan el escenario. Se trata de una reunión entre com-
pañeros del oficio de las letras y del arte: una academia, como las
llamaban entonces.

Mesas, bancadas y una imagen del retrato de Menipo, de Velázquez, al fondo, presiden la escena).

POETA 3.– ¡Bienvenidos a la insigne Academia Burlesca!

LUIS VÉLEZ.– ¡Salud y consonantes!

TODOS.– ¡Salud y consonantes!

(El son de una antigua y famosa canción tradicional sefardí, que interpretan los músicos, atrae la atención de los presentes. Ana Caro, poeta, se acerca y canta con ellos).

ANA CARO.– *(poeta y ahora, cantante-)*
»Por la tu puerta yo pasí,
Yo la topí cerrada
La llavedura yo besí
Como besar tu cara.
La llavedura yo besí
como besar tu cara.

(Miradas de aprobación entre los presentes, que escuchan complacidos el tema).

»Hermosa sos en cantidad
Honestidad no tienes
dineros sí te van a dar,
Mi gente no te quiere.
Dineros sí te van a dar
mi gente no te quiere…

(Aplausos y signos de admiración; felicitaciones a la dama y a los músicos al finalizar la melodía con la que se ha inaugurado, improvisadamente, esta Academia Burlesca).

INTERMEDIARIA.– ¿Y a quién se dedica esta vez?

LUIS VÉLEZ.– A todos los poetas heroicos, épicos, trágicos, cómicos, ditirámbicos, dragmáticos...

ANA CARO.– ...Auristas, entremeseros, bailinistas y villancieres

UN POETA.– ¡Que hable don Álvaro de Cubillo!

ANA CARO.– ¡No, no... que hable "El Engañado", que es el nuevo presidente!

LUIS VÉLEZ.– *(A la Intermediaria).* Mire, ella es Ana Caro, poetisa y décima musa sevillana

INTERMEDIARIA.– La conozco:
«¡Mujeres poetas!»

ANA CARO.–   «Sí;

(y toma protagonismo, de nuevo, recitando esta vez los versos de una de sus comedias)

mas no es nuevo, pues están
Argentaria, Safo, Areta,
Blesilla, y más de un millar
de modernas, que hoy al mundo
lustre soberano dan,
disculpando la osadía
de su nueva vanidad»

TODOS.– *(Celebrando la ironía).* ¡Bravo!
¡Certeras rimas!
¡Muy apropiadas!

ANA CARO.– *(Agradecida por los halagos y el afecto recibido, da la palabra al nuevo presidente).*
¡Y ahora que hable "El Engañado"! ¡Que hable!

TODOS.– ¡Eso! ¡Que hable! ¡Que hable!

(Interrumpe con una campanilla Cleofás, que subiéndose a una de las mesas dicta con brío sus premáticas).

CLEOFÁS, "El Engañado".– ¡Premáticas, y ordenanzas que se han de guardar en la ingeniosa Academia Burlesca desde hoy en adelante!:

»Primeramente, se manda que todos escriban con las voces de su idioma, y que el poeta que usare anglicismos, galicismos y otros ismos similares, quede privado de poeta por dos academias y, si insiste, se le confisquen las sílabas y se aren de sal sus consonantes, como traidores que son a su lengua materna.

(Comentarios jocosos de los asistentes).

ANA CARO.– ¡Basta que vuazé lo diga!

INTERMEDIARIA.– ¡Voy a subirme al tablado!

CLEOFÁS.– *(Frenándola, con la campanilla).*

»Item, que nadie lea sus versos en idioma de jarabe, ni con gárgaras de algarabía en el gútur, sino en nuestra castellana pronunciación.

(Algunos aplausos y comentarios).

ANA CARO.– ¡Bien dicho!

CLEOFÁS.– »Item, que se donen cincuenta vocablos del tesoro de la Academia a los poetas palaciegos, que hacen vida más estrecha que los monjes del Paular, porque pretenden expresar todos los conceptos con las ocho o diez palabras de moda que se saben.

(Comentarios jocosos de los asistentes).

INTERMEDIARIA.–
«Para tales ocasiones
guardo yo estas bofetadas»

CLEOFÁS.– »Item, que al poeta que en las comedias haga rimas sin ton ni son, se le silbe la primera vez; y la segunda, sirva a Su Majestad escribiéndolas en Orán. Y que nadie se disculpe diciendo: «Porque un consonante obliga

TODOS.– ...a lo que el hombre no piensa»

LUIS VÉLEZ.– ¡Eso ya lo escribió nuestro ingeniosísimo Quevedo...!

QUEVEDO.– *(con cierto aire de Diablo Cojuelo)* «Dije que una señora era absoluta, y siendo más honesta que Lucrecia, por dar fin el cuarteto la hice puta.»

(Los poetas celebran la intervención del maestro con risas y vítores).

CLEOFÁS.– »Item, que haya una portería en la Academia, por donde se dé sopa de versos a los poetas mendigos.

(Comentarios de aprobación).

»Item, que ningún poeta hable mal de otro más de dos veces a la semana.

(Protesta general de los asistentes).

»Item, que a los poetas cizañeros no se les dé lugar en la academia, y se tengan por poetas bandidos y fuera del gremio de la poesía noble, como hombres facinerosos a la república.

(Protesta general y comentarios en contra).

POETA 1.– ¡Sí, señor! ¡Despoblemos España!

POETA 2.– Eso, eso... ¡despoblemos España!

CLEOFÁS.– »Item, que el poeta que sirviere a algún señor...

(Luis Vélez se une a las palabras de Cleofás, subrayándolas).

CLEOFÁS y LUIS VÉLEZ.– ...muera de hambre por ello.

(Protestas entre los asistentes que responden con socarronería y comentarios entre ellos).

POETA 1.– ¡Caprichoso!

POETA 2.– ¡Peregrino!
¡Menudas reglas!

ANA CARO.–¡Algunas tienen gracia!

POETA 3.– ¡Todas, imposibles!

CLEOFÁS.– *(Tratando de cortar la situación).*
»Y, al fin, estas premáticas y ordenanzas se obedezcan y ejecuten como si fueran leyes.

INTERMEDIARIA.– ¡Ah, poetas sin señores, ni en los sueños existen...!

(Los primeros acordes de una música cortesana bastan para que el coro de poetas de la Academia se incline ante la presencia imaginaria de los marqueses, señores, duques, condes y príncipes de la muy nutrida corte madrileña.
Luis Vélez se aleja e imita con distancia y socarronería el inclinar de rodillas, los floridos gestos de brazos y manos y las reverencias imposibles mientras el rumor de nombres y títulos que los poetas pronuncian y entremezclan se adueña de la escena).

CORO DE POETAS.– Duque de Medina, conde de Módica.
Marqués de los Vélez.
Conde de Oropesa y Alcaudete, Pimentel, real de Portugal.

Conde de Luna, Quiñones y Pimentel.
Conde de Benavente...

(Al son de los nombres, el coro ha dispuesto en la escena una mesa con pliegos y plumas: el escritorio de Luis Vélez de Guevara.

El poeta, de pie, ojea un papel que lleva en la mano y se dirige directamente al público con el prólogo que precede a su novela: «Prólogo. A los mosqueteros de la Comedia de Madrid»).

LUIS VÉLEZ.– Por una vez, mosqueteros míos o vuestros, jueces de los aplausos cómicos por la costumbre y mal abuso, he tomado la pluma sin miedo de vuestros silbos, pues este discurso del *Diablo Cojuelo* nació concebido sin teatro original, fuera de vuestra jurisdicción, lo cual me ahorrará vuestra censura, pues casi ninguno de vosotros sabe deletrear; que nacisteis para número de los demás, y para pescados de los estanques, de los corrales, esperando, las bocas abiertas, el golpe del concepto por el oído y por la manotada del cómico, y no por el ingenio. Allá vosotros, que sois corchetes de la fortuna, dando las más de las veces premio a quien no lo merece, y abatiendo lo que merece estar sobre las estrellas; pero no se me da de vosotros dos caracoles: Quédeme yo con la prosa mientras otros fluctúan por las maretas de vuestros aplausos, de quien nos libre dios en su infinita misericordia.

(Se sienta a la mesa y escribe).

Luis Vélez de Guevara

(El Coro de Poetas es ahora un coro de figuras, sombras, o recuerdos. Un Coro de Voces que tomará forma y 'persona' – o personaje- cuando el relato, o el autor, lo requieran).

VOZ 1.– «El diablo cojuelo»

VOZ 2.– Novela de la otra vida traducida a ésta

VOZ 3.– Uno, dos, tres, cuatro.

LUIS VÉLEZ.– *(Iniciando el relato).*
Daban en Madrid,
por los fines de julio,

CORO.– las once de la noche en
punto,

LUIS VÉLEZ.– hora menguada para las calles,

UNA VOZ.– «¡Agua va!»-

CORO.– y, por faltar la luna,
jurisdicción y término redondo de todo requiebro le-
chuzo y patarata de la
muerte.

LUIS VÉLEZ.– El Prado boqueaba coches en la última
jornada de su paseo,
y en los baños de Manzanares
los Adanes y las Evas de la Corte,

VOZ 1.– fregados más de la arena que limpios del agua,

CORO.– decían el *Ite, rio est,*

CLEOFÁS.– cuando don Cleofás Leandro Pérez Zambullo,

VOZ 2.– hidalgo a cuatro vientos,

VOZ 3.– caballero huracán y encrucijada de apellidos,

VOZ 1.– galán de noviciado

LUIS VÉLEZ y CLEOFÁS.– y estudiante de profesión,

CLEOFÁS.– con un broquel y una espada,

aprendía a gato por el caballete de un tejado,

CORO.– huyendo de la justicia,

VOZ 1.– que le venía a los alcances por un estupro

VOZ 3.– ¡Desvirgue!

VOZ 1.– que no lo había comido ni bebido,

VOZ 2.– que en la lista de amantes de una doncella al uso
estaba graduado en el lugar veintidoseno,

VOZ 1.– pretendiendo que el pobre licenciado escotase
solo
lo que tantos

VOZ 3.– -¡ya veintiuno!-

VOZ 1.– se habían merendado;

VOZ 2.– y como solicitaba
escaparse del «para en
uno son»

VOZ 3.– -sentencia definitiva
del cura de la parroquia-

LUIS VÉLEZ.– no dificultó arrojarse desde el ala del susodicho tejado
a la buhardilla de otro que estaba confinante,

CORO.– en cuyo desván puso los pies y la boca a un
mismo tiempo,
dejando burlados a los ministros del agarro

CLEOFÁS Y LUIS VÉLEZ.– y los honrados pensamien-
tos de mi señora doña Tomasa de Bitigudiño,

TOMASA.– Vitigudiño

VOZ 1.– *(aparte)* doncella de boquilla

VOZ 2.– *(adjetivando)* chanflona

TOMASA.– que se pasaba de noche como cuarto falso, que,

VOZ 1.– para que surtiese efecto su bellaquería,

TOMASA.– había cometido otro estelionato más con el capitán de los jinetes a gatas que corrían por los tejados en su demanda y volvían corridos de que se les hubiese escapado aquel bajel de capa y espada que llevaba cautiva la honra de aquella señora

VOZ 1.– mohatrera de doncellazgos,

TOMASA.– quien ahora juraba tomar satisfacción de este desaire en otro inocente,

LUIS VÉLEZ.– -chapetón de embustes doncelliles-,

VOZ 1.– amparada en una madre que ella llamaba tía,

TOMASA.– ¡Tía!

VOZ 1.– liga donde había caído tanto
pájaro forastero.

(Tomasa se retira bromeando con el resto de las mujeres, satisfechas con el plan).

CLEOFÁS.– A estas horas, el Estudiante,
no creyendo su buen suceso y deshollinando con el vestido y los ojos el zaquizamí,
admiraba la región donde había arribado
por las extranjeras extravagancias de que estaba adornada la tal espelunca,
cuyo avariento farol era un candil de garabato,
que descubría sobre una mesa antigua de cadena
papeles infinitos, mal compuestos y desordenados,
escritos de caracteres matemáticos,

unas efemérides abiertas,
dos esferas y algunos compases y cuadrantes,
ciertas señales de que vivía en el cuarto de más abajo
algún astrólogo,
dueño de aquella confusa oficina y embustera ciencia.

LUIS VÉLEZ.– Y llegándose don Cleofás curiosamente,
como quien profesaba letras y era algo inclinado a
aquella profesión,

LUIS VÉLEZ Y CLEOFÁS.– a revolver los trastos as-
trológicos,
oyó un suspiro entre ellos mismos

SUSPIRO INTENSO.– ¡Ay!

CLEOFÁS.– que, pareciéndole imaginación o ilusión de la
noche,
pasó adelante con la atención papeleando los memoriales de Euclides y
embelecos de Copérnico.

SUSPIRO MÁS INTENSO.– ¡Ay!

LUIS VÉLEZ.– Escuchó por segunda vez repetir el suspiro,

SUSPIRO INTENSÍSIMO.– ¡Ay!

CLEOFÁS.– pareciéndole, entonces, que no era engaño
de la fantasía,
sino verdad que se había venido a los oídos,

LUIS VÉLEZ.– y dijo con desgarro y además de estudiante valiente:

CLEOFÁS.– ¿Quién diablos suspira aquí?

LUIS VÉLEZ.– Y respondióle al mismo tiempo una voz
entre humana y extranjera:

COJUELO.– Yo soy, señor Licenciado, que estoy en esta redoma, adonde me tiene preso el astrólogo que vive abajo, porque también tiene su punta de la mágica negra, y es mi alcaide dos años habrá.

CLEOFÁS.– Luego, ¿familiar eres?

COJUELO.– Harto me holgara yo...

LUIS VÉLEZ.– -respondieron de la redoma-

COJUELO.– ...que entrara uno de la Santa Inquisición para que, metiéndole a él en otra de
cal y canto, me sacara a mí de esta jaula de papagayos de piedra azufre.
Pero tú has llegado a tiempo que me puedes rescatar, porque este a cuyos conjuros asisto, me tiene ocioso, sin emplearme en nada, siendo yo el espíritu más travieso del infierno.

LUIS VÉLEZ.– Don Cleofás, espumando valor, prerrogativa de estudiante de Alcalá, le dijo:

CLEOFÁS.– ¿Eres demonio plebeyo, o de los de nombre?

COJUELO.– De gran nombre

LUIS VÉLEZ.– - Repitió el vidrio endemoniado-,

COJUELO.– De gran nombre y el más celebrado en entrambos mundos.

CLEOFÁS.– ¿Eres Lucifer?

COJUELO.– Lucifer es demonio de dueñas y escuderos

CLEOFÁS.– ¿Eres Satanás?

COJUELO.– Ese es demonio de sastres y carniceros

CLEOFÁS.– ¿Bercebú?

COJUELO.– Ese es de tahúres, amancebados y carreteros.

CLEOFÁS.– ¿Eres Barrabás, Belial, Astarot?

COJUELO.– Demonio más por menudo soy, aunque me meto en todo: Yo soy las pulgas del infierno, la chisme, el enredo, la usura, la mohatra...

(Luis Vélez se incorpora a las palabras de Cojuelo, apoyándolas, creciendo en intensidad hasta el final de la relación).

COJUELO y LUIS VÉLEZ.– Yo traje al mundo la zarabanda, el déligo, la chacona, el bullicuzcuz,

COJUELO.– Las cosquillas de la capona,
el guiriguirigay, el zambapalo, la mariona,
el avilipinti, el pollo, la carretería, el hermano Bartolo,
el carcañal, el guineo,
el colorín colorado.

LUIS VÉLEZ y COJUELO.– Yo inventé las pandorgas,
las jácaras, las papalatas,
los comos, las mortecinas,
los títeres, los volatines, los saltambancos, los maesecorales

COJUELO.– y, al fin, yo me llamo el Diablo Cojuelo.

(Rayos, truenos y centellas interrumpen, como en un hechizo, la escena. Baila Cleofás; baila el coro y baila Luis Vélez al son jocoso y endiablado que ejecutan los músicos, poseídos también por el espíritu travieso que se acaba de invocar.
El «baile del Cojuelo» es un suspiro breve; tras él, la escena recupera la normalidad).

CLEOFÁS.– Con decir eso hubiéramos ahorrado lo demás:

vuesa merced me conozca por su servidor, que ha muchos días que le deseaba conocer.

COJUELO.– Yo, señor don Cleofás Leandro Pérez Zambullo, ya le conozco, porque hemos sido vecinos por esa dama que galanteaba y por quien le ha corrido la justicia esta noche, y de quien después le contaré maravillas,

CLEOFÁS.– *(Sorprendido).* ¿Tomasa?

COJUELO.– Sácame de este Argel de vidrio; que yo te pagaré el rescate en muchos gustos, a fe de demonio, porque me precio de amigo de mi amigo, con mis tachas buenas y malas.

CLEOFÁS.– ¿Cómo quieres que yo haga lo que tú no puedes siendo demonio tan mañoso?

COJUELO.– A mí no me es concedido, y a ti sí, por ser hombre con el privilegio del baptismo y libre del poder de los conjuros, con quien han hecho pacto los príncipes de la Guinea infernal. Toma un cuadrante de esos y haz pedazos esta redoma, que luego en derramándome me verás visible y palpable.

LUIS VÉLEZ.– No fue escrupuloso ni perezoso don Cleofás,
y ejecutando lo que el Espíritu le dijo,
hizo con el instrumento astronómico jigote del vaso,

(Cleofás rompe la redoma. El coro de voces se acerca, mirando con curiosidad).

inundando la mesa sobredicha de un licor turbio,
escabeche en que se conservaba el tal diablillo;
y volviendo los ojos al suelo,
vio en él un hombrecillo de pequeña estatura,
afirmado en dos muletas,

LUIS VÉLEZ y UNA VOZ.– sembrado de chichones mayores de marca,

LUIS VÉLEZ.– calabacino de testa y badea de cogote,

VOZ 1.– chato de narices,

VOZ 2.– la boca formidable

VOZ 1.– y apuntalada en dos colmillos solos,
que no tenían más muela ni diente los desiertos de las encías,
erizados los bigotes como si hubiera barbado en Hircania;

VOZ 2.– los pelos de su nacimiento, ralos,

VOZ 1.– uno aquí y otro allí,

LUIS VÉLEZ.– a fuer de los espárragos,

LUIS VÉLEZ y VOZ 1.– legumbre tan enemiga de la compañía, que si no es para venderlos en manojos no se juntan.

LUIS VÉLEZ.– Bien hayan los berros, que nacen unos entrepernados con otros, como vecindades de la Corte, perdonen la malicia de la comparación.

(Cojuelo, cansado de tanta burla injustificada a su costa, interrumpe y se presenta).

COJUELO.– Cojuelo soy.
Y me llamo de esta manera porque fui el primero de los que se levantaron en la rebelión celestial, y de los que cayeron y todo;
como los demás dieron sobre mí, me estropearon,
y así quedé más que todos señalado de la mano de Dios y de los pies de todos los diablos,
y con este sobrenombre, mas no por eso menos ágil;

que, camino del infierno, tanto anda el cojo como el viento.

Pero nunca he estado con menos reputación que en poder de este vinagre, a quien en traición me entregaron mis propios compañeros, porque los traía al retortero a todos, como dice el de Castilla, y hasta a los más agudos les daba gato por demonio.

CLEOFÁS.– Asco me dio la figura,
pero necesitaba de su favor para salir del desván,
ratonera del Astrólogo

COJUELO.– Vamos, don Cleofás, que quiero comenzar a
pagarte en algo lo que te debo

CLEOFÁS.– Y asiéndome por la mano
salimos los dos por la buhardilla
como si nos dispararan de un tiro de artillería,
no parando de volar hasta hacer pie en el capitel de la
torre de San Salvador,
mayor atalaya de Madrid,
a tiempo que su reloj daba la una,

VOZ 1.– hora que tocaba a recoger el mundo poco a poco
al descanso del sueño;

VOZ 2.– treguas que dan los cuidados a la vida,

VOZ 1.– siendo común el silencio a las fieras y a los hombres;

CORO.– medida que a todos hace iguales;

VOZ 1.– habiendo una prisa notable a quitarse zapatos y
medias,
calzones y jubones,

VOZ 2.– basquiñas, verdugados, guardainfantes,

VOZ 1.– polleras, enaguas y guardapiés,

VOZ 2.– para acostarse hombres y mujeres,

CORO.– quedando las humanidades menos mesuradas,

VOZ 1.– y volviéndose a los primeros originales,
que comenzaron el mundo

CORO.– horros de todas estas baratijas.

COJUELO.– Don Cleofás, desde esta picota de las nubes,
que es el lugar más eminente de Madrid, te he de enseñar todo lo más notable que a estas horas pasa en
esta Babilonia española.

LUIS VÉLEZ.– Y levantando a los techos de los edifi-
cios, por arte diabólica, lo hojaldrado, se descubrió la
carne del pastelón de Madrid

CORO.– que por el mucho calor estivo estaba con menos
celosías,

VOZ 1.– y tanta variedad de sabandijas racionales en esta
arca del mundo,

CORO.– que la del diluvio, comparada con ella,
fue de capas y gorras.

*(Luis Vélez interviene ante las risas y burlas del coro y se dirige
a él y al público con las palabras de su "Carta de recomendación
al cándido o moreno lector").*

LUIS VÉLEZ.– Lector amigo: yo he escrito este discurso,
que no me he atrevido a llamarle libro, pasándome de
la jineta de los consonantes a la brida de la prosa, en
las vacaciones que me han dado los gastos de mi familia y los directores de las compañías teatrales de
título; y como es *El diablo cojuelo,* no lo reparto en
capítulos, sino por trancos (o saltos). Te suplico que
los des en su lectura, porque tendrás menos que cen-
surarme, y yo que agradecerte... Y, por no ser para

más, ceso, y de rogar a Dios... En Madrid... del mes y del año......y tal, y tal y tal.

VOZ 1.– Tranco segundo.

(De un salto, Cojuelo y Cleofás suben a una mesa para contemplar la ciudad. El plano de Texeira de las calles de Madrid se dibuja en la escena).

VOZ 2.– Quedó don Cleofás absorto en aquella pepitoria humana de tanta diversidad de manos, pies y cabezas.

CLEOFÁS.– ¿Es posible que haya lienzo suficiente para los colchones, sábanas y camisas de tantos hombres, mujeres y niños?

(En una taberna, un grupo de caballeros enfrascado en una apasionada conversación de la que sólo acertamos a escuchar algunos nombres y apellidos, o algún título de tal o cual).

CABALLEROS DE TABERNA.– *(Murmurando)*
Conde de Melgar y Marqués de Peñafiel.
Don Baltasar de Zúñiga.
Conde de Brandevilla.

COJUELO.– *(A Cleofás, cogiéndole por la coronilla)* Mira: caballeros y señores sentados en mesas opulentísimas.

CABALLEROS DE TABERNA.– Duque de Pastrana, cabeza de los Silvas.
Conde de Molina.

CLEOFÁS.– Ya, ya.... Todas sus caras conozco; pero sus bolsas no... si no es para servirlas.

CABALLEROS DE TABERNA.– Don Francisco Luzón.
Don José de Castrejón.

(En otra zona de la ciudad, una parturienta grita).

COJUELO.– Mira, mira esa doña que está pariendo allí...

PARTURIENTA.– ¡¡¡Aaaaaaaahhhhh!!!

MATRONA.– ¡¡Empuja…. em..puja..!!

COJUELO.– Y su indigno consorte, tan oficioso y lastimado. ¡Como si fuera suya la criatura!

(La matrona y el padre hacen arrumacos al niño, que ya nació; la madre recupera el aliento).

CLEOFÁS.– Mientras el dueño de la obra dormirá a pierna suelta, roncando y descuidado del suceso....

(A otro lado, en una casa, una curandera intenta separar las piernas de una joven aterrada con la práctica a la que va a someterse).

COJUELO.– Y mira esa vieja, grandísima hechicera, haciendo en un almirez una medicina
de drogas restringentes para remendar una doncella
sobre su palabra, porque
se ha de casar mañana.

LA JOVEN.– ¡Nooooo….!

CLEOFÁS.– ¿Restringentes?

CURANDERA.– Que la restringen...que la restringen....

CLEOFÁS.– A unas las ensanchan y a otras las encogen....

COJUELO.– Y otras van de aquelarre….

66

(En la otra punta de la ciudad, en otra casa, dos mujeres se encreman el cuerpo con manteca).

Como aquella hipócrita que se está untando a lo moderno para ir a la gran junta de brujas que se celebra entre San Sebastián y Fuenterrabía... Adonde iríamos nosotros si no tuviera miedo de que me reconociera el demonio que hace de cabrón, porque le di un bofetón en la antecámara de Lucifer, sobre unas palabras que tuvimos.

CLEOFÁS.– ¿También hay duelos entre los diablos?

COJUELO.– ¿Que si los hay? ¡El inventor de los duelos es vecino del infierno!

(Una mujer acostada aferrada a enormes bolsas de basura, llama la atención de Cleofás).

CLEOFÁS.– Y ¿quién es aquella abada con camisa de mujer, que no solamente la cama le viene estrecha, sino la casa y Madrid, que hace roncando más ruido que la Bermuda, y, al parecer, bebe cámaras de tinajas y come jigotes de bóvedas?

COJUELO.– Esa es una bodegonera rica...

BODEGONERA.– *(Medio en sueños, medio en vela, sonriente).* ¡Soy rica!

COJUELO.– ... que tiene seis casas en Madrid

BODEGONERA.– *(Igual)* ¡Soy rica!

COJUELO.– ...y más de veinte mil ducados en la Puerta de Guadalajara, guardados en un saco.

BODEGONERA.– *(Sacando billetes de los sacos de basura).* ¡¡Rica...!!

CLEOFÁS.– Una especuladora, vamos.

COJUELO.– Y se ha hecho una capilla para su entierro y ha fundado dos capellanías porque piensa que así irá derecha al cielo, a seguir dando rocín por carnero y gato por conejo... Pero aunque pongan una garrucha en la estrella de Venus y un alzaprima en las Siete Cabrillas, será imposible que suba aquel tonel.

(Dos músicos callejeros improvisan unas notas en una acera, llevando la atención de Cojuelo hacia un coche aparcado cerca).

¿Pero te quieres reír más? Aquel marido y mujer, son tan amigos de su coche, que todo el dinero que tenían para vestir, calzar y componer su casa lo han empleado en él, y comen y cenan y duermen dentro sin que hayan salido de su reclusión, ni para las necesidades corporales, en los cuatro años que hace que lo compraron; que están encochados, como emparedados, y ha sido tanta la costumbre de no salir dél, que les sirve el coche de conchas, como a la tortuga y al galápago, que en tarascando cualquiera de ellos la cabeza fuera, la vuelven a meter luego, como quien la tiene fuera de su natural, y se resfrían y acatarran en sacando pie, pierna o mano de esta estrecha religión; y ahora quieren labrar un desván para alquilárselo a otros dos vecinos tan inclinados a coche, que se contentarían con vivir en el caballete.

CLEOFÁS.– Ésos se han de ir al infierno en coche y en alma.

(Ríen Cojuelo y Cleofás y Luis Vélez, que no había querido interrumpirles antes, aprovecha para intervenir).

LUIS VÉLEZ.– Dejemos un momento a estos caballeros y volvamos a nuestro astrólogo regoldano y nigromante enjerto, que se había vestido con algún cuidado de haber sentido pasos en el desván, y, subiendo a él, halló las ruinas que había dejado su familiar en los pedazos de la redoma, y mojados sus papeles, y el tal espíritu ausente; y viendo el estrago y la falta de su demoñuelo, comenzó a mesarse las barbas y los cabellos, y a romper sus vestiduras, como rey a lo antiguo. Y estando haciendo semejantes extremos y lamentaciones, entró un diablejo zurdo...

DIABLEJO ZURDO.– Satanás, mi señor, os besa las manos *(Hace una reverencia).*

LUIS VÉLEZ.– ...mozo de retrete de Satanás.

DIABLEJO ZURDO.– Habéis de saber que ha sentido la bellaquería que ha usado el Cojuelo, y que se encargará de que reciba castigo. Entre tanto me quedaré yo sirviéndoos en su lugar.

LUIS VÉLEZ.–*(ahora en el papel del ASTRÓLOGO)* ¡Gracias, gracias! ¡Infinitas gracias!

(Recuperando su lugar de autor).

Agradeció mucho el astrólogo y encerró al tal espíritu en una sortija de un topacio grande, que traía en un dedo que antes había sido de un médico, con que a todos cuantos había tomado el pulso habían muerto.

COJUELO.– Allí está muriendo un fullero.

CLEOFÁS.– Y ayudándole a bien morir un testigo falso.

COJUELO.– Allí llevan aquella comadre para partear a una preñada de medio ojo, que ha tenido dicha en darle los dolores a estas horas.

CLEOFÁS.– Allí sacan un médico de su casa para una apoplejía que le ha dado a un obispo.

COJUELO.– Y allí doña Tomasa, tu dama…

69

TOMASA.– Su dama

COJUELO.– ... en enaguas,

TOMASA.– En enaguas

COJUELO.– ... está abriendo la puerta a otro; que a estas horas le oye de amor.

CLEOFÁS.– ¡Déjame y bajaré sobre ella a matarla a coces!

COJUELO.– Para estas ocasiones se hizo el tate, tate... que no es salto para de burlas. Y no te espantes tanto, que hasta descontando a este enamorado murciélago, hay otros ochenta para quien tiene repartidas las horas del día y de la noche.

CLEOFÁS.– ¡¿Ochenta?! ¡Por vida del mundo que la tenía por una santa!

COJUELO.– Ah... Nunca peques de ingenuo. No seas como ese tonto de allí, que se casó a ciegas, con una doncella pobre, que se llama Francisca y todas las efes tenía: flaca, fea, floja y fría, y le hicieron creer lo contrario con un retrato que le trujo ese casamentero, que vive junto a un pleitista, uno para cansar ministros y el otro para casar todo el linaje humano; que solamente tú, por estar tan alto, estás seguro de este demonio, que en algún modo lo es más que yo.

(Se une a los músicos una chica de la calle, con los restos de un ramo de flores por vender, y canta, delicadamente, con ellos. Cojuelo y Cleofás escuchan).

CHICA DE LA CALLE.– »Vuestros ojos tienen de amor no sé qué
vuestros ojos tienen de amor no sé qué
que me yelan, me roban, me hieren, me matan

que me matan, me matan, a fe
que me matan, me matan a fe
a fe, a fe.
»¿Por qué me miráis con tanta aflicción
y al mi corazón me aprisionáis?
Que si vos me miráis yo os acusaré
que si vos me miráis yo os acusaré,
que me yelan, me roban, me hieren, me matan
que me matan, me matan a fe
que me matan, me matan a fe
a fe, a fe.

(La misma noche, al mismo tiempo, en el Infierno, donde acaba de celebrarse la reunión del alto tribunal).

DEMONIA.– En el infierno nos juntamos entre tanto, en sala plena, los más graves jueces de aquel distrito, y haciendo notorio a todos el delito del tal Cojuelo, mandamos despachar requisitoria para que le prendieran en cualquier parte que se hallase. Y dimos esta comisión a Cienllamas, demonio comisionario que había dado muy buena cuenta de otras que le habíamos encargado, y llevándose por corchetes a Chispa y a Redina, y subiéndose en la mula de Liñán, salió del infierno con vara alta de justicia en busca del dicho delincuente.

(Con un grito de guerra, demonias y demonios se hacen con la escena, invadiendo el espacio con sus cuerpos y voces que pronuncian nombres, apellidos y títulos como trofeos que obtuvieran en esta y otras batallas).

CORO DE DIABLAS Y DIABLOS.– ¡Conde de Lemos y Andrade, Marqués de Sarriá. Gran Duque de Arjona. Conde de Monterrey y Fuentes, Virrey de Nápoles. Duque de las Torres, Marqués de Liche y de

Toral, Señor de Aviados, Príncipe de Astillano, Duque de Sabioneta. Marqués de Alcañizas, Almansa, Enríquez y Borja!

(Así como aparecieron, como un rayo, como un rayo desaparecen. Cojuelo olfatea el ambiente).

COJUELO.– Ya el día no nos deja pasar más adelante, y viene el sol haciendo cosquillas a las estrellas. No quiero que se valga de mi industria para ver los secretos que le negó la noche.

LUIS VÉLEZ.– Y volviendo a poner la tapa al pastelón, se bajaron a las calles.

COJUELO.– Tranco tercero.

(Saltan de las mesas, a la calle).

VOZ 1.– Ya comenzaban en el puchero humano de la Corte a hervir hombres y mujeres, unos hacia arriba y otros hacia abajo, y otros de través, haciendo un cruzado al son de su misma confusión,

VOZ 2.– y el piélago racional de Madrid a sembrarse de ballenas con ruedas,

LUIS VÉLEZ.– -que por otro nombre llaman coches-

VOZ 2.– trabándose la batalla del día, cada uno con designio y negocio diferente, y pretendiéndose engañar los unos a los otros,

CORO.– levantándose una polvareda de embustes y mentiras,
que no se descubría una brizna de verdad por un ojo de la cara.

CLEOFÁS.– Mi camarada me había metido por una calle algo angosta, llena de espejos por una parte y por otra, donde estaban muchas damas y lindos mirándose y poniéndose de diferentes posturas de bocas, guedejas y semblantes, ojos, bigotes, brazos y manos, haciéndose cocos a ellos mismos. Yo no sabía qué calle era esa. No la había visto nunca en Madrid.

COJUELO.– Esta se llama la calle de los Gestos, que solamente salen a ella estas figuras de la baraja de la Corte, que vienen aquí a elegir el gesto que van a llevar ese día; y salen con espasmos de lindeza, unos con la boquita de riñón, otros con los ojitos dormidos, roncando hermosura, y todos con los dos dedos de las manos, índice y meñique, levantados, y esos otros, de Gloria Patri.

(Cleofás se ha introducido entre el grupo de figuras que le estrechan las manos para sonreír simultáneamente a una cámara imaginaria, como se estila en las recepciones de la política, el espectáculo o la corte, pronunciando a la vez título o nombre, real o inventado).

FIGURA 1.– Gran Marqués de la Monclova

CLEOFÁS.– Duque de Lemos

FIGURA 2.– Gran duque de Tornasol

CLEOFÁS.– Señor de los Prados

COJUELO.– *(Rápido, interrumpiendo).* ¡Pero vámonos de aquí! ¡que aunque tenga estómago de demonio me lo han revuelto estas sabandijas, que nacieron para desacreditar la naturaleza y el rentoy!

CORO DE VIEJAS.– Aquí estamos las viejas -antes damas cortesanas- en gran contratación con las mozas que serán lo que nosotras ya fuimos.

CLEOFÁS.– ¿Pero qué sitio es éste?

CORO DE VIEJAS.– ¡El Guzmán, el Mendoza, el Enríquez, el Cerda!

COJUELO.– El baratillo de los apellidos

CORO DE VIEJAS.– ¡El Cueva, el Silva, el Castro, el Girón, el Toledo!

COJUELO.– Esas damas pasas intercambian con las mozas algunas ropas usadas y a cambio ceden

CORO DE VIEJAS.– ¡El Pacheco, el Córdoba, el Manrique de Lara!

COJUELO.– …generosos apellidos a la que lo necesita para el oficio que comienza-

CORO DE VIEJAS.– ¡El Osorio, el Aragón, el Guevara!

COJUELO.– …y ellas se quedan con sus patronímicos primeros de Hernández, Martínez, López, Rodríguez, Pérez, González, etcétera; porque al fin de los años mil, vuelven los nombres por donde solían ir.

CLEOFÁS.– Cada día hay cosas nuevas en la Corte.

CHICA DE ANUNCIO.– Se alquilan tías, hermanos, primos y maridos, como lacayos y escuderos, para damas de achaque que quieren pasar en la Corte con buen nombre y encarecer su mercadería.

CLEOFÁS.– Salimos de la plazuela y fuimos a mano derecha de este seminario andante...

CHICA DE ANUNCIO.– Se alquilan tías, hermanos, primos y maridos, como lacayos y escuderos...

CLEOFÁS.– ...donde había un gran edificio, como un templo sin altar, y en medio de él, una pila grande de piedra, llena de libros de caballerías y novelas, y alrededor, muchos muchachos de diez a diecisiete años y algunas doncelluelas de la misma edad, y cada uno y cada una con su padrino al lado, y le pedí a mi compañero que me dijese qué era esto, porque todo me parecía que lo iba soñando.

COJUELO.– Algo tiene de sueño este fantástico aparato; esta es, don Cleofás, en efecto, la pila de los dones: aquí se bautizan los que vienen a la Corte sin él. Todos los muchachos son pajes para señores, y las muchachas, doncellas para señoras de medio pelo, que necesitan el don para dar autoridad a las casas que entran a servir.

FREGONA.– Yo soy una fregona con un vestido alquilado, que me trae mi ama a que me pongan don...

AMA.– Doña

FREGONA.– ...para darme el tusón de las damas, y que le pague como tusona lo que le ha costado el criarme.

COJUELO.– Parece que nuestra ilustre fregona se quiere volver al paño, según viene bruñida de esmeril.

CLEOFÁS.– Con moño, dientes postizos y guardainfante haces tusona a cualquiera

COJUELO.– Esos traen a bautizar a un regidor muy rico, de edad de setenta años, que viene al don por su pie, porque sin don le han comentado que "no le sienta bien el cargo". Se llama Pascual.

CORO.– Don Pascual no es nombre serio. ¡Es ridículo! Los dones para los Alonsos, los Fernandos ¡Ja, ja..!

COJUELO.– Y vienen altercando si sobre a Pascual le vendrá bien el don.

CORO.– *(Comentando entre ellos).*
¡Diógenes de la ropa vieja!
¡Pascual es nombre de cirio!...

COJUELO.– Y en acabando de tomar aquel regidor el agua del don, espera allí un italiano hacer lo mismo con un elefante que ha traído a enseñar a la Puerta del Sol.

CLEOFÁS.– ¡Vive Dios que me he de quitar yo el don, porque me desdonan los que veo!

COJUELO.– Sígueme y no te amohínes, que bien sabe el don dónde está: que se te ha caído en el Cleofás como la sopa en la miel.

(Irrumpe en la escena una loca convaleciente).

LOCA CONVALECIENTE.– ¡Limosna para los que están furiosos!

(Al estruendo de platillos, panderos, pucheros, cornetas y sinteti-zadores se suman los brazos, las piernas, caderas y cabezas de extraños personajes que no paran de bailar, sumándose Cojuelo y Cleofás a tan peculiar fiesta.
El "baile de los locos" como vino, se va, envolviéndose la escena en una quietud incómoda).

CLEOFÁS.– *(Desconcertado).* ¿Qué es esto?

COJUELO.– Ésta es la casa de los locos, que hace poco que se instituyó en Madrid, donde se castigan y curan locuras que hasta ahora no lo habían parecido.

LOCA CONVALECIENTE.– ¡Limosna para los que están furiosos!... ¡Limosna para los que están furiosos!

CLEOFÁS.– Entremos dentro, por aquel postiguillo que está abierto

LUIS VÉLEZ.– Y, diciendo y haciendo, se entraron los dos, uno tras otro.

CLEOFÁS.– Llegamos a un patio cuadrado...

LUIS VÉLEZ.– ...cercado de celdas pequeñas por arriba y por abajo. A la puerta de una de ellas estaba un hombre, muy bien tratado de vestido, escribiendo sobre la rodilla y sentado sobre una banqueta, sin levantar los ojos del papel, y se había sacado uno con la pluma sin sentirlo.

COJUELO.– Este es un economista loco que ha dado en decir que ha de hacer la reducción de los cuartos, y ha escrito sobre ello más hojas de papel que tuvo el pleito de don Álvaro de Luna.

CLEOFÁS.– Bien haya quien le trujo a esta casa, que son los locos más perjudiciales de la república.

CIEGO ENAMORADO.– ¡Veo con los oídos! ¡Veo con los oídos!

CLEOFÁS.– ¿Qué es eso?

COJUELO.– Un ciego enamorado. Tiene un retrato en la mano, de su dama, y unos papeles que le ha escrito, como si pudiera ver lo uno y leer lo otro, y da en decir que ve con los oídos.

CIEGO ENAMORADO.– ¡Veo con los oídos!

CABALLERO CON HALCÓN.– ¡Ay, mi halcón! ¡Ay, halcón mío!

COJUELO.– Pues calla, que ahí, más arriba y con un halcón en la mano, está un caballero que, habiendo heredado mucho de sus padres, lo gastó todo en la cetrería, y sólo le queda la rapaz que ahora le devora los dedos de puro hambre.

CABALLERO CON HALCÓN.– ¡Ay, mi halcón, halcón mío!

CIEGO ENAMORADO.– ¡Veo con los oídos!

LOCA CONVALECIENTE.– ¡Limosna para los que están furiosos!...

(Cae la mano ensangrentada sobre Cleofás).

CLEOFÁS.– ¡Están peor que aquel historiador que se volvió loco de sentimiento por haberse perdido tres décadas de Tito Livio!

COJUELO.– Pero fíjate en eso:
En el brocal de aquel pozo, que está en medio del patio, se está mirando siempre una dama muy hermosa, como lo verás si alza la cabeza, hija de pobres y humildes padres, que queriéndose casar con ella muchos hombres ricos y caballeros, ninguno la contentó, y en todos halló una y muchas faltas, y está atada allí en una cadena porque, como Narciso, enamorada de su hermosura, no se anegue en el agua que le sirve de espejo, no teniendo en lo que pisa al sol ni a todas las estrellas.

(Una bella joven, una Narciso contemporánea, camina sin despegar los ojos de su pantalla móvil, contemplándose. En su cuello, una argolla de la que pende una larga cadena que sujeta otra joven, la Locura. Narciso se arrodilla cerca de un cubo donde cae su pantalla móvil e, incapaz de desprender su mirada de sí misma, acerca la cara al interior del cubo para encontrarla.

La Locura suelta descuidadamente la cadena y Narciso hunde,
poco a poco, su cabeza en el cubo hasta que, ahogada, muere.
La Locura canta el inquietante tema de Henry du Bailly).

LOCURA.– *(cantando)*
>»Yo soy la locura,
la que sola infundo
placer y dulzura
y contento al mundo.
»Sirven a mi nombre
todos mucho o poco,
y no, no hay hombre
que piense ser loco.
Y no, no hay hombre
que piense ser loco.

(La bella Narciso yace en el suelo y Cleofás, con cuidado, retira
el cubo de su cabeza. Al verla cadáver, se estremece).

CLEOFÁS.– Vámonos de aquí, no nos embarguen por alguna locura que nosotros ignoramos; porque en el mundo todos somos locos, los unos de los otros.

COJUELO.– Quiero tomar tu consejo, porque también los demonios enloquecen, no hay que fiarse de nadie.

CLEOFÁS.– Desde vuestra primera soberbia todos lo estáis; que el infierno es casa de todos los locos más furiosos del mundo.

COJUELO.– Aprovechado estás, pues hablas en lenguaje ajustado.

(Suenan toques de campana y la calle se oscurece. Una hilera de
cuerpos yacen en el suelo, cubiertos cada uno con un plástico ne-
gro. Cleofás intenta esquivarlos y no tropezar).

CLEOFÁS.– ¿Qué calle es ésta?

COJUELO.– La más temporal y de este siglo que ninguna. Es la ropería de los abuelos, donde cualquiera que se quiere vestir de un agüelo, porque el suyo no le viene bien o está viejo, se viene aquí y por su dinero escoge el que le va más a propósito. Uno se prueba una abuela que necesita, otro se prueba un abuelo, y si le viene largo el talle, lo cambia; otro da por otro abuelo el suyo, otro remienda a su abuelo con la abuela de otro, otro viene a que le devuelvan a su abuelo que se lo habían hurtado y lo encuentra allí, colgado en la ropería. Yo tengo aquí un ropero amigo que desnuda los difuntos la primera noche que los entierran... si hubieras menester de un abuelo o abuela...

CLEOFÁS.– ¡Quita, quita! ¡Dineros he menester yo; que agüelos no!¡ Con los míos me haga Dios bien; que me han dicho mis padres que desciendo de Leandro el animoso, el que pasaba el mar de Abido
«en amoroso fuego todo ardiendo»,
y tengo mi ejecutoria en las obras sueltas de Boscán y Garcilaso!

COJUELO.– Contra hidalguía en verso no hay olvido ni chancillería que baste, ni hay más que desear en el mundo ¡que ser hidalgo en consonantes!

Al mismo tiempo, en otro plano, en otra calle de la ciudad.

TOMASA.– *(Conjurando, con una espada en las manos).*
«Venganza, socorro, auxilio,
favor, amparo, piedad,
consuelo, ayuda, remedio,
que mi honor cargado está»

MALASOMBRA 1.–
¿Qué es esto doña Tomasa?

MALASOMBRA 2.–
¿Quién te ha podido enojar?

MALASOMBRA 1.–
¿Qué nube de pesadumbres
oscureció tu beldad?

TOMASA.– ¡Ese licenciado, como Vireno a Olimpia, me
ha dejado! ¡Ése Cleofás!

*(Cleofás escucha y no sabe si es presa de un sueño o si es real
que Tomasa, empuñando una espada, está frente a él).*

TOMASA.– ¡Hay que prenderle!

MALASOMBRA.– ¡A por él! ¡Hay que prenderle!

COJUELO.– *(Divertido con las visiones de Cleofás, se suma).*
¡A por él!

TOMASA.– ¡A por él!

TODOS.– ¡¡A por él!!

*(Cuando Cleofás está rodeado y a punto de pedir clemencia, Co-
juelo rompe el hechizo y las Malas Sombras desaparecen. Cleofás despierta, desconcertado y Cojuelo se burla de su amigo).*

COJUELO.– Ya sé que eres muy bien nacido en verso y
en prosa, pero ahora vamos en busca de un figón, a
almorzar y descansar, que bien lo habrás menester por
lo trasnochado y madrugado.

Foto 4: *El diablo cojuelo*, espectáculo dirigido por Aitana Galán
a partir de la versión de Jesús Gómez Gutiérrez y ella misma
de la novela de Luis Vélez de Guevara.
En la imagen, Juan Alberto López, Gloria Albalate y Agnes Kiraly.
(La Radical Teatro, 2020.)

(Luis Vélez, poeta, los músicos y el Coro se suman a la propuesta de Cojuelo y, transformando la escena en una tasca típicamente madrileña, cantan a coro un villancico clásico del maestro Juan del Enzina).

TODOS.– »Hoy comamos y bebamos,
y cantemos y holguemos,
que mañana ayunaremos.
»Por honra de San Antruejo
parémonos hoy bien anchos.
Embutamos estos panchos,
recalquemos el pellejo:
»que costumbre es de concejo
que todos hoy nos hartemos,
que mañana ayunaremos.
»Hoy comamos y bebamos
y cantemos y holguemos,
que mañana ayunaremos.

(En la última estrofa, aprovechando el ambiente festivo de la canción y sus intérpretes, Cojuelo y Cleofás, bien provistos de algunas viandas salen como un rayo de la taberna).

TABERNERA.– ¡Eh... que esos dos se quieren ir sin pagar!

PAISANO.– ¡Llama al alguacil! ¡Justicia!

TABERNERA.– ¡Justicia! ¡Justicia!

(Alboroto y revuelo inútil, pues Cojuelo y Cleofás escaparon hace tiempo).
Luis Vélez, poeta, al fondo, en la taberna, solo, con los pliegos de una carta que acaba de escribir, en la mano.
Se dirige al público, o a un rey imaginario.

LUIS VÉLEZ.– Estoy con la mayor necesidad y aprieto que he tenido en mi vida. Suplico a vuestra majestad que me adelante dentro de tres o cuatro días los cuatrocientos reales del auto que he de hacer, porque no salgo de casa por falta de no tener para cubrirme siquiera. También suplico a Vuestra Majestad me avise si esto puede ser como digo, que yo escribiré luego el auto; si no, será imposible hallarme cuando fuere menester. Aunque me parece que no importará, habiendo como hay en Madrid tanta abundancia de poetas.

(Con una sonrisa irónica se dirige a una mesa donde está el manuscrito de su novela y vuelve su atención sobre él).

UNA VOZ.– Tranco cuarto.

CLEOFÁS.– En ese tiempo, después de haber tenido pesadumbre en el figón con asadores y torteras, porque lo que es del diablo

CLEOFÁS y LUIS VÉLEZ.– el diablo se lo ha de llevar,

CLEOFÁS.– y cuando el alguacil pensaba cogernos, estábamos ya de esotra parte de Getafe, en demanda de Toledo, y dentro de un minuto en las ventillas de Torrejón, y en un cerrar de ojos, a vista de la Puerta de Bisagra, dejando la real fábrica del hospital a mano derecha.

(A Cojuelo).

Lindos atajos sabes: mal haya quien no caminara contigo todo el mundo.

COJUELO.– Somos gente de buena maña...

LUIS VÉLEZ.– Y mientras estaban hablando, llegaron al barrio que llaman de la Sangre de Cristo, y al Mesón de la Sevillana, que es el mejor de aquella ciudad.

COJUELO.– Esta es muy buena posada para pasar esta noche y descansar de la anterior. Pide un aposento y que te aderecen de cenar; que a mí me importa llegarme a Constantinopla a alborotar el serrallo del Gran Turco y hacer degollar doce o trece hermanos que tiene, para que no conspiren contra la Corona, y volverme de camino por los Cantones de los esguízaros y por Ginebra a otras diligencias parecidas, pues quiero sobornar con algunos servicios a mi jefe, quien debe de estar muy indignado con mi fuga. Pero descuida, que yo estaré contigo antes que den las siete de la mañana.

CLEOFÁS.– Y, diciendo y haciendo, se metió por esos aires como por una viña vendimiada, meando la pajuela a todo pajarote y ciudadano de la región etérea...

LUIS VÉLEZ.– ...mientras don Cleofás entraba a tomar posada.

(Cleofás entra en el mesón, donde se canta y se baila una jota popular, a la que se unen el poeta Luis Vélez y él).

TODOS.– »A la Mancha manchega
que hay mucho vino,
mucho pan, mucho aceite,
mucho tocino.
»Y si vas a la Mancha
no te alborotes,
porque vas a la tierra
de Don Quijote.

CLEOFÁS.– Mucha gente veo, señora Posadera...

POSADERA.– Son pasajeros y soldados que han venido con los galeones y están por pasar a la Corte.

CLEOFÁS.– ¿Habrá sitio para mí?

POSADERA.– *(Mirándolo de arriba a abajo).* Sitio hay siempre para quien trae consigo tan buenas cartas de recomendación, como dicen los cortesanos antiguos.

SOLDADO.– *(Dirigiéndose a Cleofás).* ¿Venís de Madrid?

CLEOFÁS.– *(Con orgullo chulesco).* Sí

SOLDADO.– ¡Pues sentaos con nosotros y contadnos las nuevas! ¡Compartid nuestra cena!

CLEOFÁS.– *(Sin ver comida en la mesa).* ¿Aceitunas con palillos?

SOLDADO y POSADERA.– *(Con orgullo chulesco, imitando a Cleofás).* ¡Sí!

(Cleofás se sienta, pero la posadera inicia de nuevo la jota que acababan de cantar y el soldado y él no tienen más remedio que sumarse. Tras la jota, unos tragos de vino y vítores para el rey).

TODOS.– ¡Salve al rey!
¡Salve!

SOLDADO.– Concluido el banquete, se fue cada uno a recoger a su aposento, porque se tenían que ir de madrugada para llegar a tiempo a Madrid, y don Cleofás hizo lo mismo en la habitación que le señaló la Posadera , sintiendo la soledad del compañero que le traía tan entretenido; y haciendo varios discursos sobre su almohada, se quedó como un pajarito...

CLEOFÁS.– ... jurando al silencio de las sombras el natural vasallaje con el sueño

CLEOFÁS y SOLDADO.– como todo el Mesón de la Sevillana,

SOLDADO.– que sólo las grullas, los murciélagos y las lechuzas

CLEOFÁS.– estaban de posta a su cuerpo de guardia

SOLDADO.– ... cuando a las dos de la noche, se oyeron unas voces que decían:

VOCES.–(*de un poeta loco*) ¡Fuego! ¡Fuego!

(Los pasajeros se despiertan asustados, saliendo a toda prisa de sus habitaciones, medio vestidos o en cueros).

VOCES.–(*de un poeta loco*) ¡Fuego!

CLEOFÁS.– *(Con la espada en la mano, a medio vestir).* ¿Qué está pasando aquí?

POSADERA.–¡Sosiéguense, que no pasa nada!

SOLDADO.– *(También con su espada desenvainada).* ¿Cómo que no, si gritan fuego?

POSADERA.– Vuélvanse a sus camas, que yo le pondré remedio...

CLEOFÁS.– ¿Remedio a qué? ¡Hable de una vez, señora Posadera, que no nos habremos de acostar sin haber descifrado este misterio!

POSADERA.– Sólo es un estudiante de Madrid, que lleva dos o tres meses en la posada. ¡Un poeta de los que hacen comedias! ¡Dos ha escrito hasta hoy, y se las han chillado en Toledo y apedreado como viñas!

SOLDADO.– Eso no explica nada.

POSADERA.– Lo explica todo, pues ahora está escribiendo la comedia de «Troya abrasada», y habrá llegado sin duda al paso del incendio.

CLEOFÁS.– ¿Y qué?

POSADERA.– Que se mete tanto en lo que escribe que habrá dado esas voces representándolo. Pero, si no me creen, vengan conmigo a su aposento y lo verán.

(Aposento del Poeta Loco que echando espumaracos por la boca y revolcado entre papeles, grita «¡fuego, fuego!» con un hilo de voz).

POETA LOCO.– ¡Fuego! ¡Fuego!

POSADERA.– ¿Lo ven? Ni el habla tiene ya, que se le ha metido a monja.

CLEOFÁS.– Señor Licenciado, vuelva en sí y mire si quiere beber o comer algo para este desmayo...

POETA LOCO.– *(Alzando la cabeza y reparando en la presencia de Cleofás, Soldado y Posadera).* Si es Eneas y Anquises, con los Penates y el amado Ascanio, ¿qué aguardáis aquí, que está ya el Ilión hecho cenizas, y Príamo, Paris y Policena, Hécuba y Andrómaca han dado el fatal tributo a la muerte, y a Elena, causa de tanto daño, llevan presa Menalao y Agamenón? Y lo peor es que los mirmidones se han apoderado del tesoro troyano.

POSADERA.– ¡Vuelva en su juicio! que aquí no hay almidones ni toda esa tropelía de disparates que ha referido, y mucho mejor fuera llevarle a casa del Nuncio, donde pudiera ser con bien justa causa mayoral de los locos, y meterle a cura... que se le han subido los consonantes a la cabeza, como tabardillo.

POETA LOCO.– *(Incorporándose e increpando a la posadera).* ¡Qué bien entiende de afectos la señora!

POSADERA.– No quiero entender ni de afectos ni de afeites, sino de mi negocio. Lo que importa es que mañana hagamos cuenta de lo que me debe de posada, y se vaya con Dios; que no quiero tener en ella quien me la alborote cada día con estas locuras.

CLEOFÁS.– Déjelo, que tampoco es para tanto...

POSADERA.– ¿Que no? Recién llegado aquí, comenzó a escribir la comedia de «*El marqués de Mantua*», que zozobró y fue una de las silbadas, y fueron tantas las prevenciones de la caza y las voces que dio, llamando a los perros Melampo, Oliveros, Saltamontes, Tragavientos, etcétera... y tantos «¡Ataja, ataja!» y «¡Guarda el oso cerdoso y el jabalí colmilludo!» que malparió una señora preñada que pasaba de Andalucía a Madrid, del sobresalto... Y en esa otra de «*El saco de Roma*» fue el estruendo de las cajas y trompetas, haciendo pedazos las puertas y ventanas de este aposento, y el «¡Cierra, España!», «¡Santiago, y a ellos!», y el jugar la artillería con la boca, ¡bum, bum, bum!, como si hubiera ido a la escuela con un petardo y de tal manera que una compañía de infantería que se alojaba aquella noche en mi casa creyó que la atacaban, y se destrozaron los unos a los otros, acudiendo al ruido medio Toledo con la Justicia... ¿Y saben qué hizo él? ¡Amenazar con escribir una comedia de todos los diablos!... que es poeta grulla, que siempre está en vela, y halla consonantes a cualquier hora de la noche y la madrugada.

POETA LOCO.– Mucho mayor alboroto fuera si acabara la que tiene vuesa merced en prenda por lo que le debo, que la llamo «*Las tinieblas de Palestina*», donde es fuerza que se rompa el velo del Templo en la tercera jornada, y se oscurezca el Sol y la Luna, y se den unas piedras con otras, y se venga abajo toda la fábrica celestial con truenos y relámpagos, cometas y exhalaciones, en sentimiento de su Hacedor. ¡Ahí me dirá vuesa merced, señora mía, qué fuera ello!

POSADERA.– ¡Váyase a acabarla al Calvario!... aunque no faltará en cualquiera parte que la escriba o la representen quien le crucifique a silbos, legumbre y edificio.

POETA LOCO.– Antes resucitan con mis comedias los autores; y para que conozcan todas vuesas mercedes esta verdad y admiren el estilo que llevan todas las que yo escribo, ya que se han levantado a tan buen tiempo, quiero leerles esta.

(El poeta alcanza unos papeles viejos y arquea las cejas. Cleofás y el soldado intentan disuadirle).

CLEOFÁS y SOLDADO.– ¡No, no, no...! ¡No es necesario! ¡Descanse vuesa merc....!

POETA LOCO.– *(Sin prestarles atención e interrumpiéndoles, lee).* "Tragedia Troyana, Astucias de Sinón, Caballo griego, Amantes adúlteros y Reyes endemoniados. Sale lo primero por el patio, sin haber cantado, el Paladión, con cuatro mil griegos por lo menos, armados de punta en blanco, dentro de él."

SOLDADO.– ¿Cómo puede toda esa máquina entrar por ningún patio ni coliseo de cuantos hay en España, ni por el del Buen Retiro, afrenta de los romanos anfiteatros, ni por una plaza de toros?

POETA LOCO.– ¡Buen remedio! Derribárase el corral y dos calles junto a él para que quepa esta tramoya, que es la más portentosa y nueva que los teatros han visto; que no siempre sucede hacerse una comedia como esta, y será tanta la ganancia, que podrá muy bien a sus ancas sufrir todo este gasto. Pero escuchen, que ya comienza la obra, y atención, por mi amor. *(Retoma la lectura).* "Salen por el tablado, con mucho ruido de chirimías y atabalillos, Príamo, rey de Troya, y el príncipe Paris, y Elena, muy bizarra en un palafrén, en medio, y el rey a la mano derecha" *(aclarando la idea a su público, orgulloso)* que siempre de esta manera guardo el decoro a las personas reales *(retomando la lectura)* "y luego, tras ellos, en palafrenes negros, de la misma suerte, once mil criadas a caballo."

SOLDADO.– Más dificultosa apariencia es esa que esa otra, porque es imposible que tantas criadas juntas se hallen.

POETA LOCO.– Algunas se harán de pasta, y las demás se juntarán de aquí para allí; fuera de que si se hace en la Corte, ¿qué señora habrá que no envíe sus criadas prestadas para una cosa tan grande, por estar los días que se representare la comedia, que será, por lo menos siete u ocho meses, libres de tan cansadas sabandijas?

(Cleofás y el Soldado se ríen a carcajadas ante la idea de que una comedia se represente durante siete u ocho meses).

¡No hay que reírse! ¡que si Dios me tiene de sus consonantes, he de rellenar el mundo de comedias mías, y ha de ser Lope de Vega (prodigioso monstruo español y nuevo Tostado en verso) niño de teta conmigo! y después me he de retirar a escribir un poema heroico para mi posteridad, que mis hijos o mis sucesores hereden, en que tengan toda su vida que roer sílabas. Y ahora oigan vuesas mercedes...

POSADERA.– *(Empujándolo a la calle).* ¡No seguirá ni un día más en mi posada!

CLEOFÁS.– *(Sujetándolo).* ¡No es para tanto, señora Posadera!

POSADERA.– *(Empujándolo).* ¡Ni un día! ¡Fuera!

SOLDADO.– *(Sujetándolo).* ¡Pero déjelo, doña!

POSADERA.– *(Tirando de él).* ¡Fuera!

(Cleofás consigue alcanzar un libro que está en el suelo y se dirige al poeta).

CLEOFÁS.– ¡Ponga las manos aquí! ¡Que es el Arte poética de Rengifo!

POETA LOCO.– *(Desorientado).* ¿Eh?

CLEOFÁS.– ¡De Rengifo!

POETA LOCO.– *(Colocando las manos en la cubierta del libro).* Ah...

CLEOFÁS.– Jure que no escribirá más comedias de ruido, sino de capa y espada.

POETA LOCO.– *(Quitando las manos).* ¿De ruido? ¡Qué disparate!

SOLDADO y CLEOFÁS.– ¡Pero jure!

POETA LOCO.– No, no... ¡De ruido!

SOLDADO.– ¡Jure de una vez, hombre!

CLEOFÁS.– ¡Jure, que es el Arte de Rengifo *(leyendo el título),* ¡«Arte poética española ...con una fertilísima silva de consonantes comunes, propios, esdrújulos, y reflejos, y *(mirando a la Posadera)* un divino estímulo del amor de Dios»!

POETA.– *(Abrumado).* Juro, juro.

POSADERA.– *(Con el libro en la mano).* Siendo así, se puede quedar.

Entra Cojuelo a despertar a Cleofás mientras el resto de figuras desaparece.

COJUELO.– ¿Hemos tardado mucho en el viaje, señor Licenciado?

CLEOFÁS.– *(Sonriéndose).* Menos se tardó vuesa merced desde el cielo al infierno, con haber más leguas.

COJUELO.– Al amigo, chinche en el ojo, como dice el refrán de Castilla... ¡Bueno, bueno, don Cleofás!

CLEOFÁS.– Pocos hay que en ofreciéndose el chiste, miren esos respetos; pero esto lo digo yo en galantería, y la amistad que hay ya entre nosotros. Mas dejando esto aparte, ¿cómo nos ha ido por esos mundos?

COJUELO.– Hice todo a lo que fui, y mucho más. Estuve en Constantinopla y me volví por los Cantones, la Bertolina y Ginebra. Fui a Venecia, estuve en la plaza de San Marcos y hablé con unos criados sobre las noticias de la guerra. Pasé por Florencia y Milán, visité Génova la Bella, y a golfo lanzado, llegué a Valencia, me metí en La Mancha -que no hay jabón que la pueda quitar- y entré en Madrid, donde he sabido que unos parientes de tu dama te andan a buscar para matarte.

CLEOFÁS.– ¿Para matarme?

COJUELO.– Sí, porque dicen que la has dejado sin reputación. Pero eso no es lo peor.

ZANCADILLA.– Cienllamas te busca para prenderte. Cienllamas te busca para prenderte. Cienllamas te busca para prenderte...

COJUELO.– Zancadilla, que es demonio espía del infierno, me ha soplado que me anda buscando Cienllamas para prenderme; es mejor que pongamos tierra en

medio. Vámonos a Andalucía, que es la más ancha del mundo; y pues yo te hago la costa, no tienes que temer nada; que con el romance que dice:
«Tendré el invierno en Sevilla
y el veranito en Granada»,
no hemos de dejar lugar en ella que no trajinemos. Vamos, ven conmigo.

(Y, sin esperar respuesta, toma la mano de Cleofás mientras se adentran en un mapa de España que se ha adueñado de la escena).

POSADERA.– ¡Ehhh! ¡Que se van si pagar!

CLEOFÁS.– ¡Ya le pagaremos a la vuelta de Andalucía!

POSADERA.– ¿Se fueron volando, o lo sueño...? ¡Ojalá se fuera así el Poeta, aunque se llevara la cama asida a la cola!

(En un lugar del mapa, en una solitaria venta. Voces extranjeras cantan).

Help me, Bob, I'm bully in the alley
Way, hey, bully in the alley!
Help me, Bob, I'm bully in the alley,
Bully down in shinbone al!

VENTERO.– *(Percatándose de la presencia de Cojuelo y Cleofás).* Si quieren comer, sólo nos queda un conejo y un perdigón.

CLEOFÁS.– Pues trasládelos a un plato. Y venga salmorejo, pan, vino y salero.

VENTERO.– Tendrán que esperar una hora porque sólo tenemos una mesa y está ocupada.

CLEOFÁS.– Por no esperar, si los señores nos dan licencia, nos sentamos juntos.

VENTERO.– Si les parece bien...

CLEOFÁS.– *(Imitando a los extranjeros, se unen rápidamente a la canción).*
Help me, Bob, I'm bully in the alley
Way, hey, bully in the alley!
(Cerca de la mesa, a Cojuelo). Pero ¿dónde estamos?

COJUELO.– En Sierra Morena; en la venta de Durazatán.

(Cojuelo y Cleofás comparten la mesa con los extranjeros).

ITALIANO.– ¿Qué nuevas hay de guerra, señor Español?

CLEOFÁS.– Ahora todo es guerra.

FRANCÉS.– Y ¿contra quién, dicen?

CLEOFÁS.– Contra todo el mundo, para ponerlo todo él a los pies del Rey de España.

FRANCÉS.– Pues a fe que antes que el Rey de España...

CLEOFÁS.– ¡Qué tiene contra el Rey de España!

COJUELO.– Déjame, don Cleofás, responder a mí, que soy español por la vida, y con quien vengo, vengo.

(Los extranjeros se comienzan a escarapelar).

FRANCÉS.– Ah, bugre, coquín español!

ITALIANO.– ¡Forfante, marrano español!

INGLÉS.– ¡Fucking nitesgut español!

TUDESCO.– ¿Cómo que "Nitesgut"? ¡"Nitesgut" es mío!

(Y así, unos contra otros, se inicia una pelea que va ocurriendo tal como la narra Cleofás).

CLEOFÁS.– Yo, que estaba acostumbrado a sufrir poco y al refrán de «quien da luego, da dos veces», fui a levantar el banco en que estaban sentados los dos, pero se adelantó mi compañero muleta en mano, manejándola tan bien, que dio con el Francés en el tejado de otra venta que estaba tres leguas de allí, y en una letrina de Ciudad Real con el Italiano, porque muriese hacia donde pecan, y con el Inglés, de cabeza en una caldera de agua hirviendo que tenían para pelar un puerco en casa de un labrador de Adamuz; y al Tudesco, le devolvió al Puerto de Santa María, de donde había salido quince días antes, a dormir la mona. El Ventero se quiso poner en medio, y dio con él en Peralvillo, entre aquellas cecinas de Gestas, como en su centro.

(Solos en la venta, Cojuelo y Cleofás, aprovechan para comer y beber los restos que han quedado en los platos y vasos que no cayeron al suelo durante la refriega. Pero su soledad se ve interrumpida rápidamente por la aparición de unos músicos que, tañendo unos acordes, dan paso a la entrada de una compañía de cómicos que aprovecha para deleitar a un público imaginario con el final de un entremés).

ACTOR.– *(con máscara de diablo)*
¡Malo! ¡Endiablado! ¡Infernal!,
que es el alguacil de escuelas
que nos ha de embanastar,
si halla con nosotros hembra.

ACTRIZ 1.– Si puedo no la hallará.

ACTRIZ 2.– Ante vuested me presento

apelando a su piedad.

ACTOR.– *(con máscara de diablo)*
Baste ya el enojo,
señor alguacil,
que una burla a tiempo
es para reír.

(Y se aplauden a sí mismos y saludan con mucho boato).

ACTORES Y MÚSICOS.– ¡Bravo! ¡Bravo!

ACTORES Y MÚSICOS.–¡Gracias! ¡Gracias!

ACTORES Y MÚSICOS.–¡Bravo! ¡Bravo!

ACTOR.– *(autor de compañía)* ¡Ventero, pónganos vino!

ACTRIZ 1.– ¡Hemos triunfado en Lisboa, asombrado en Córdoba!

ACTRIZ 2.– ¡Y escandalizado en Sevilla!

ACTOR.– *(autor de compañía)* ¡Vamos a despoblar Madrid!. ¡Sólo con la loa que nos ha escrito ese sastre de Écija, arrasamos a todos los autores de la Corte! ¡Ventero, ventero, pónganos vino!

COJUELO.– *(Bajando la voz, a Cleofás)*. Con el señor Actor estoy en pecado mortal de parte de mis camaradas.

CLEOFÁS.– ¿Por qué?

COJUELO.– Porque es el peor representante del mundo, y hace siempre los demonios en los autos del Corpus, y está perdigado para demonio de veras, y para que haga en el infierno los autores si se representaren comedias; que algunas hacen estas farándulas, que aun para el infierno son malas.

CLEOFÁS.– *(Reparando en uno de los músicos).* Uno veo aquí, entre los demás compañeros, que le he deseado cruzar la cara, porque me galanteó en Alcalá una doncella, moza mía, que se enamoró de él viéndole hacer un rey de Dinamarca.

COJUELO.– *(Con sorna).* Doncella debía de ser de allá. Pero si quieres que tomemos los dos venganza, espera y verás cómo lo trazo; porque ahora quieren repartir una comedia con que han de segundar en Madrid, y sobre los papeles has de ver lo que pasa.

ACTOR.– *(autor de compañía)* ¡Ventero! ¡Ventero!

APUNTADOR.– Mientras llega, repartamos los papeles

ACTRIZ 2.– ¿Por qué los tienes que repartir tú, si eres el apuntador?

ACTRIZ 1.– ¡Porque tiene grandísima curia en la comedia!

APUNTADOR.– Porque he sido estudiante en Salamanca.

ACTRIZ 1.– ¡Si le llaman el Filósofo!

ACTRIZ 2.– Por mal nombre...

APUNTADOR.– "Primera Dama", Mariana, porque es la mujer del que cobra; "Segunda Dama", Ana María, que es mujer del que canta los bajetes.

ANA MARÍA *(antes Actriz 2).–* ¡¿Otra vez segunda?! ¡De eso nada! ¡Cuando entré en la compañía acordamos repartir los primeros papeles y siempre me dais los segundos!

MARIANA *(antes Actriz 1).–* Por algo será...

ANA MARÍA.– ¿Cómo? ¡Pero si yo te podría dar clases! ¡He representado comedias junto a las más grandes representantas del mundo! ¡En la legua me llaman

98

Amarilis, como a la María de Córdoba, la amante del Duque de Osuna!

MARIANA.– ¿Tú? ¡Pero si no tienes ni zapato ni arte que pueda pisar un tablado!

ANA MARÍA.– ¿Y de qué tienes tanta soberbia, si hasta las enaguas te tuve que prestar en Sevilla para que pudieras hacer el papel de "Dido", en la gran comedia de don Guillén de Castro, que encima echaste a perder? ¡Por tu culpa nos silbaron a todas!

MARIANA.– ¡Tú! ¡Tú fuiste la silbada! ¡Tú y tu ánima!

ANA MARÍA.– ¡Perra!

MARIANA.– ¡Mangurriana!

LUIS VÉLEZ.– Y comenzó una batalla de comedia.

ANA MARÍA.– ¡Puta! ¡Que todos sabemos la cornamenta que tiene tu marido!

MARIANA.– ¡Te mato!

(Las actrices Ana María y Mariana corren a agarrarse de los pelos una a la otra).

CLEOFÁS.– Y dejándolos empelotados, nos marchamos Cojuelo y yo de la venta, camino de Andalucía, quedándose abrasando a cuchilladas las damas de la compañía.

(Ana María y Mariana, que han sacado sus navajas, sin soltarse los cabellos, pasan a mayores).

ANA MARÍA.– ¡Que se la pegas con el Apuntador!

MARIANA.– ¡Robaperas! ¡Legañosa!

ANA MARÍA.– ¡Meretriz!

MARIANA.– ¡Yo te mato, chanflona!

ANA MARÍA.– ¡Trucha!

MARIANA.– ¡Te mato!

LUIS VÉLEZ.– Y en estas volvió el Ventero acompañado por la Santa Hermandad, armados todos con escopetas, chuzos y ballestas para prender a los dos que se fueron , y halló tal Roncesvalles en su venta -¡Ay, mi venta! ¡Ay, los jarros, las tinajas, los platos! ¡Ay, qué matanza! ¡Ay, mi venta!- que ni vio a los alguaciles prender a los cómicos ni la pelaza que hubo entre ellos porque unos querían darles trena en Ciudad Real y otros llevarlos a Madrid, que estaba sin comediantes y era orden de los arrendadores de corrales.

(Un coro de voces susurra los nombres y apellidos de las casas y linajes de las tierras del país. El viento, el polvo del camino y un mapa de España donde una línea dibuja el recorrido del viaje aéreo de Cojuelo y Cleofás).

CORO DE VOCES.– Gran Marqués del Carpio. Alcaide de los Donceles, duque de Cardona.
Marqueses de Priego, Córdobas y Aguilares.
Duque de Sesa y Soma.
Osuna. Marqués de Mondéjar. Conde de Tendilla, Mendozas del Ave María y credo de los caballeros.

(En la escena, la tierra y el infierno comparten tiempo y espacio.

Chispa y Redina, demonios corchetes de Cienllamas, han localizado ya a Cojuelo, y observan en suspenso sus correteos con Cleofás. Cienllamas, desde la ultratumba).

CIENLLAMAS.– ¿Sabéis ya dónde están Cojuelo y el hombre que le acompaña?

CHISPA.– Sabemos que en este tiempo, tragando leguas de aire, como si fueran camaleones de alquiler, han pasado a Adamuz. Y habiéndose sorbido los siete vados y las ventas de Alcolea, se han puesto a vista de Córdoba...

REDINA.– populosa patria de dos Sénecas y un Lucano,

CHISPA.– y del padre de la Poesía española, el celebrado Góngora...

REDINA.– donde se dan hoy fiestas de toros y juegos de cañas.

CIENLLAMAS.– ¿Y qué hacéis que no vais a apresarlos?

VOZ.– ¡Favor a la Justicia! ¡Favor a la Justicia!

CHISPA.– Han alborotado en la plaza y ahora están dando estocada a un maestro de la esgrima.

REDINA.– Ahora les birlan las varas a dos alguaciles y se levantan por el aire como cohetes voladores.

CIENLLAMAS.– ¿Y a mí, qué? ¡A por ellos!

CHISPA.– Y mira los alguaciles -ministros o vaqueros de la Justicia-.....Que quedan en suspenso al verles por los aires y atribuyen a un sueño tamaña agilidad de los nuevos volatines.

CIENLLAMAS.– ¡Basta ya! ¡Los quiero en el Infierno!

(Chispa y Redina vuelan a prenderles y desaparecen.

Mientras tanto, en otra localidad, una tonadilla recibe a Cojuelo y Cleofás).

COJUELO.– Mira qué gentil árbol berroqueño, que suele llevar hombres, como otros fruta.

CLEOFÁS.– ¿Qué columna tan grande es esta?

COJUELO.– El celebrado Rollo del mundo

CLEOFÁS.– Luego ¿esta ciudad es Écija?

COJUELO.– Esta es Écija, la más fértil población de Andalucía.

LUIS VÉLEZ.– De aquí fue Garci Sánchez de Badajoz, aquel insigne poeta castellano, y en esta ciudad solamente se coge el algodón, semilla que en toda España no nace.

(Un romance de ciego irrumpe en la escena buscando el aplauso de los lugareños).

CIEGO.– «Lucifer tiene muermo,
Satanás, sarna,
y el Diablo Cojuelo
tiene almorranas»

COJUELO.– ¿Qué te parece los testimonios que nos levantan estos ciegos y las sátiras que nos hacen? ¡Ninguna raza de gente se nos atreve a nosotros si no son estos, que tienen más ánimo que los mayores ingenios!

OTRO CIEGO.– «Almorranas y muermo,
sarna y ladillas,
su mujer se las quita
con tenacillas».

COJUELO.– ¡Pero esta vez me lo han de pagar, castigándose ellos mismos con sus propias manos!

102

CIEGOS.– *(Repitiendo una y otra vez el romance y dándose a la vez palos entre ellos, mientras Cojuelo y Cleofás abandonan, divertidos, el lugar).*
«Lucifer tiene muermo,
Satanás, sarna
y el Diablo Cojuelo
tiene almorranas...»

LUIS VÉLEZ.– Y sobre la entonación de las coplas metió el Cojuelo tanta cizaña entre los Ciegos que, arrempujándose primero y, cayendo de ellos en el pilón de la fuente, y esos otros en el suelo, volviéndose a juntar, se mataron a palos, dando barato, de camino, a los oyentes, que les respondieron con algunos puñetes y coces.

Cae la noche en los campos andaluces proyectando un cielo estrellado sobre la escena

CLEOFÁS.– Camarada, descansemos un poco, que es mucho pajarear este, y nos metemos a lechuzas silvestres; que la serenidad de la noche y el verano brindan a pasarla en el campo.

COJUELO.– Soy de ese parecer. Tendamos la raspa en este pradillo junto a este arroyo, espejo donde se están tocando las estrellas, porque aguardan a la madrugada visita del Sol, Gran Turco de todas esas señoras.

CLEOFÁS.– ¿No me dirás, pues has vivido en aquellos barrios,
si esas estrellas son tan grandes como esos astrólogos dicen
cuando hablan de su magnitud?
¿y en qué cielo están?
¿y cuántos cielos hay, para que no nos den papillas cada día

Foto 5: Críspulo Cabezas como Cleofás en *El diablo cojuelo*, espectáculo dirigido por Aitana Galán. (La Radical Teatro, 2020).

con tantas y tan diversas opiniones,
haciéndonos bobos a los demás con líneas
y coluros imaginados...?
Y si es verdad que los planetas tienen epiciclos...
y el movimiento de cada cielo, desde el primer móvil
al remiso y al trepidante...
¿Y dónde están los signos de estos luceros escribanos,
porque yo desengañe al mundo
y no nos vendan imaginaciones por verdades?

COJUELO.– Don Cleofás, nuestra caída fue tan aprisa,
que no nos dejó reparar en nada;
y a fe que si Lucifer no se hubiera traído tras de sí la
tercera parte de las estrellas, como repiten tantas veces
en los autos del Corpus, aún os haría más garatusas
la Astrología.
Dicho sea con perdón de Galileo y del gran don Juan
de Espina, cuya célebre casa y peregrina silla son ideas
de su raro ingenio;
que yo hablo de tejas para abajo, y acepto la óptica de
estos señores antojadizos que han descubierto un lu-
nar en el lado izquierdo del Sol, y en la Luna han lin-
ceado montes y valles, y han visto a Venus cornuta.
Lo que yo sé decir, por el poco tiempo que estuve
allá, es que nunca oí hablar de la Bocina, el Carro, las
Pléyades, las Helíades, la Osa mayor ni la Osa menor,
nombres que los señores de la Astrología les han dado, ni de esa que llamaron Vía Láctea, y ahora los vul-
gares, Camino de Santiago, por donde anda tanto el
cojo como el sano... que si esto fuera así, yo también,
por lo cojo, había de andar por aquel camino, siendo
hijo de vecino de aquella provincia.

CLEOFÁS.– Ya en estas razones últimas me había agra-
decido al sueño,

dejando al compañero de posta como grulla de la otra vida.

(Fragor de trompetas, tambores y carros de guerra que interrumpe la serenidad de la noche, alarma a Cleofás).

CLEOFÁS.– ¡¿Pero qué estruendo es ese?!

COJUELO.– No te alborotes, don Cleofás; que, estando conmigo, no tienes que temer nada.

(Diablas de la Fortuna —cubiertos los rostros con máscaras de oro y plata y con cadenas los cuerpos— irrumpen en la escena precediendo al cortejo y escupen, con fuerza, nombres de condes, duques, señores, marqueses y caballeros. En una larga mesa, Luis Vélez (poeta) y Cleofás (su personaje) se juegan la suerte en una infinita partida de dados. Se ha iniciado el Tranco VII).

DIABLAS DE LA FORTUNA.– Marqués del Fresno. Duque de Híjar, Silva, y Mendoza, y Sarmiento, marqués de Alenquer y Ribadeo. Marqués de los Balbases, Espinola. Conde de Altamira, Moscoso y Sandoval, gran señor y caballero. Marqués de Pobar, Aragón, don Antonio de Aragón, Consejo de Órdenes y Supremo de la Inquisición.

CLEOFÁS.– *(jugando)* ¿A dónde irá ahora la Fortuna?

LUIS VÉLEZ.– *(jugando)* Al Asia Mayor. A una batalla campal entre el Mogor y el Sofí.

CLEOFÁS.– ¿Y a quién dará la victoria?

LUIS VÉLEZ.– ¡A quien menos la mereciere!

DIABLA FORTUNA.– *(interviniendo)* ¿Y a quién llevará en la recámara?

DIABLA 2.– (*interviniendo*) ¡A mercaderes y hombres de negocios, cargados de cajas de moneda de oro y plata!

DIABLA FORTUNA.– ¡Y reposteros bordados encima con las armas de la Fortuna, que son los cuatro vientos!

DIABLA 2.– ¡Y una tropa innumerable de cocineros, despenseros, panaderos, botilleres, vendedores y demás canalla!

DIABLA FORTUNA.– Y a pie, sus lacayos: Homero, Píndaro, Anacreonte, Virgilio, Ovidio...

DIABLA 2.– ¡Los mayores ingenios que ha tenido el mundo!

DIABLA FORTUNA.– Horacio, Marcial, el Petrarca, Sannazaro, el Taso, el Dante, el Ariosto, Castillejo, Garci Sánchez, Camoes....

DIABLA 2.– ¡y otros muchos que han sido en diferentes provincias, príncipes de la Poesía!

CLEOFÁS.– Pues sí que han medrado poco, si son lacayos.

COJUELO.– No hay en su casa quien tenga lo que merece.

DIABLA FORTUNA.– ¡Y un escuadrón con joyas de diamantes y cadenas y vestidos lloviendo oro y perlas, que van sobre filósofos antiguos que les sirven de caballos, de tan malos talles, que los más son corcovados, cojos, mancos, calvos, narigones, tuertos, zurdos y balbucientes!

COJUELO.– Estos son potentados, príncipes y grandes señores del mundo, que han recibido de Fortuna los estados y las riquezas que poseen. Y con ser tan poderosos y ricos, son los más necios y miserables de la tierra.

CLEOFÁS.– ¡Buen gusto tiene la diosa, que escoge lo peor!

DIABLA FORTUNA.– Si pudieran ver a la Fortuna, la verían en su silla de manos, bordada de trofeos.

DIABLA 2.– Con Pitágoras, Diógenes, Aristóteles, Platón, y otros filósofos de silleros,
herrados sus rostros con eses y clavos.

DIABLA FORTUNA.– Y en esta prodigiosísima torre andante, que es la de Babilonia, llena de gigantes, enanos, bailarines, cómicos y músicos, está la Esperanza: una jayana vestida de verde, muy larga de estatura, y muchos pretendientes por abajo y a pie: todos mal vestidos, hambrientos y desesperados.
Y todos, dándole voces.
Y con la confusión no se entienden los unos a los otros, ni los otros a los unos.

DIABLA 2.– Y en otro balcón está la Prosperidad, con el guardarropa de la Fortuna y aunque son muchos los que la siguen desnudos y hambrientos, no les da ni un bocado para comer ni un mal trapo para cubrirse. Y aunque les diera los trapos,
no les vendrían bien; porque están hechos solamente a medida de los poderosos.

CLEOFÁS.– *(en un sueño alucinado)* Y sigue a este carruaje el escuadrón volante de locos, a pie, y a caballo, y en coches, que pierden finalmente el juicio de la Fortuna...

DIABLA FORTUNA.–...Unos riéndose, otros llorando, otros cantando, otros callando, y todos
renegando de ella;

DIABLA 2.– y no tomaba de otros parecer, diligencia, para no acertar nada

DIABLA FORTUNA.– desapareciendo toda esta máquina confusa en una polvareda espantosa, en cuyo temeroso piélago se anegó toda esta confusión,

DIABLA FORTUNA Y DIABLA 2.– llegando el día, que fue mucho que no se perdiera el Sol con la grande polvareda, como don Beltrán de los planetas.

(Y en grande polvareda, desaparecen, dejando en la escena un rastro de cadenas y de humo.

En la mesa, Luis Vélez, escribiendo).

LUIS VÉLEZ.– Declaro que a Matías de Arronis, mercader de paños en la Plaza le debo algunas cantidades de maravedíes de recados que he sacado de su casa.
A Francisco Martínez, mercader de sedas en la Puerta de Guadalajara, le debo también algunos maravedíes de mercadurías que he sacado de su tienda.

CLEOFÁS.– Testamento de Luis Vélez de Guevara.

LUIS VÉLEZ.– Debo cincuenta reales a Mateo Velasco, mercader en la Puerta de Guadalajara de resto de un vestido que saqué para mi mujer.
A una mujer de un ropero en la calle Mayor que no conozco ni sé donde vive y si apareciere mando se le paguen y hágase diligencia y si no apareciere se digan de misas por las ánimas del purgatorio.

CLEOFÁS.– A Juan Lázaro, sastre, le debe otros cincuenta reales.

LUIS VÉLEZ.– A un sastre que vive frente a San Yuste le debo lo que él dijere de hechura de un vestido de camino.

Debo a un engastador que vive en la carrera de San Jerónimo, de un engarce, seis reales.

Debo al padre pastor religioso del Convento de la Santísima Trinidad descalzos de esta Villa cien ducados en vellón que el susodicho me prestó por hacerme amistad y buena obra.

(A medida que habla, se forma a su alrededor una escena de tugurio, con pobres y pobras que descansan en banquetas o en el suelo. Estamos en Sevilla, en el barrio de Triana, con Cojuelo y Cleofás).

COJUELO.– Esto se llama el garito de los pobres; que aquí se juntan ellos y ellas, después de haber pedido todo el día, a entretenerse y a jugar, y a nombrar los puestos donde han de mendigar ese otro día, porque no se encuentren unas limosnas con otras. Entremos dentro y nos entretendremos un rato; que sin ser vistos ni oídos, haciéndonos invisibles con mi buena maña, hemos de registrar este cónclave de San Lázaro.

UNA POBRA.– Ya viene el Diablo Cojuelo.

CLEOFÁS.– ¡Juro a Dios que nos han conocido!

COJUELO.– No te sobresaltes; que no nos han conocido, ni nos pueden ver. El que ha dicho la pobra que viene es aquel que trae una pierna de palo y una muleta en la mano. Entre ellos le llaman el Diablo Cojuelo por mal nombre, que es un bellaco, mal pobre, embustero y ladrón, y estoy harto con él y con ellos porque le llaman así, que es una sátira que me han hecho con esto, y que yo he sentido mucho; pero esta noche pienso que me lo ha de pagar, aunque sea con la mano del gato, como dicen.

CLEOFÁS.– Gran atrevimiento querer apostar contigo, siendo tú el demonio más travieso del infierno.

COJUELO.– Estos pobres, como son de Sevilla, van también de valientes, y reñirán con los diablos; pero si yo puedo, éste no sale horro de esta chanza; que en el mundo se me han atrevido solamente tres linajes de gente: representantes, ciegos y pobres; que los demás embusteros y gente de este género pasan por demonios como yo.

(Cleofás se adentra en la taberna y, mientras relata, se añaden al discurso las voces del coro de pobres y pobras para decir los nombres de ellos mismos y los compadres que llegan buscando refugio en el tugurio).

CLEOFÁS.– En esto, se había acomodado o sentádose en el suelo el PIEDEPALO, Diablo Cojuelo segundo de este nombre, diciendo muchas galanterías a las damas, con el MURCIÉGALO, llamado así porque pedía de noche a gritos por las calles, y SOPAENVINO, que había encontrado agazapado en una taberna.
Y EL CHICHARRO y EL GALLO, el uno, que pedía por las siestas en verano; el otro, mendigaba por las madrugadas;
EL DUQUE, y todos se levantaron
y EL FARAÓN, llamado de esta suerte porque pedía a plagas por las calles;
y EL SARGENTO, que tenía un brazo de menos y
EL MARQUÉS DE LOS CHAPINES, que era un pobre que andaba arrastrando
¡LA POSTILLONA!, que no dejaba calle ni barrio que no anduviese cada día
¡LA BERLINGA!, tan larga como su nombre
¡LA PAULINA y LA GALEONA!, que andaba artillada de niños que alquilaba para pedir

¡LA LAGARTIJA y LA MENDRUGA!,
con PIEDEPALO, a las vueltas, y con ¡LAS FUERZAS DE
HÉRCULES!, que eran dos pobres, uno sobre otro, y
¡¡ZAMPALIMOSNAS, PERICÓN EL DE LA BARQUERA, y
EMBUDO EL TEMERARIO,
TRAGADARDOS,
ZANCAYO,
PERUÉTANO y AHORCASOPAS!!
Y MÁS POBRES Y POBRAS DE LOS DIABLOS

(Y aparece Cienllamas, diablo, seguido de Chispa y Redina).

CIENLLAMAS.– ¡¿Quién es el Diablo Cojuelo?! Que he
tenido soplo de que está aquí, en este garito de los
pobres, y no me ha de salir ninguno de este aposento
hasta reconocerlos a todos, porque me importa hacer
esta prisión.

*(Los pobres y las pobras se escarapelan viendo la justicia en su
garito, y el verdadero Diablo Cojuelo, se oculta junto a Cleofás).*

EL DUQUE.– *(señalando a Piedepalo)* ¡Este es! Que nosotros, ni nadie como nosotros, hemos de defender de
la justicia a hombres tan delincuentes.

PIEDEPALO.– ¡Iglesia! ¡Iglesia! ¿Qué están haciendo?
¡Que esto es una iglesia y no un garito! ¡Hemos venido a rezar!

CIENLLAMAS.– No penséis, ladrón, que os habéis de
escapar con esos embustes de nuestras manos, que ya
os conocemos.

EL MARQUÉS.– *(metiendo las manos en los chapines).* ¿Por
qué hemos de consentir que no contradiga el Duque
que lleve preso un alguacil a un pobrete como el Cojuelo? ¡Por vida de la Marquesa que no lo ha de llevar!

PIEDEPALO Y OTROS POBRES.– ¡Eso! ¡Eso!

EL MARQUÉS.– *(botella en ristre).* ¡A por ellos!

(Entre botellas, palos, navajas, banquetas y oscuros acordes de guerra se defienden los diablos de estos pobres de Sevilla. Se oscurece el tugurio y entre sus sombras, la silueta del Cojuelo que celebra con sonoras carcajadas el engaño.

Desde lejos, de la otra punta de la ciudad, y en otra hora y otro día, se escucha una voz que entona la misma letrilla con la que Ana Caro abrió la sesión de la insigne academia burlesca que inició este relato.
Rufina María, moza de Sevilla, se graba en una pantalla móvil insertada en un palo).

RUFINA MARÍA.– *(cantando)*
    »Por la tu puerta yo pasí
    con todos mis amigos
    en la tu ventana me posí
    tañendo el mandolino….

CLEOFÁS.– En estas, seguíamos en Sevilla y habíamos tomado posada, de la que apenas salíamos para desmentir las espías de Chispa y de Redina.

VOZ.– Tranco noveno.

CLEOFÁS.– *(suspirando sonoramente)* ¡Ay! ¡Ay!

COJUELO.– ¿De qué te has acordado, amigo? ¿Qué memorias te han dividido esas dos exhalaciones de fuego desde el corazón a la boca?

CLEOFÁS.– Camarada, acordéme de la calle Mayor de Madrid y de su insigne paseo a estas horas, hasta dar en el Prado.

COJUELO.– Pidamos un espejo y tendrás el mejor rato que has tenido en tu vida; que estoy a gusto aquí, en Sevilla: populosa ciudad, estómago de España y del mundo, que alcanzan hasta aquí las conciencias de Indias.

RUFINA MARÍA.– *(Cantando frente a la cámara, como si fuera un espejo).*
»Hermosa sos en cantidad
honestidad no tienes,
millones si me van a dar
mi gente no te quiere,
mi gente no te quiere

COJUELO.– Préstenos el espejo, señora Rufina. Y acérquese si quiere, que yo sé que tiene inclinación a estas cosas.

RUFINA MARÍA.– ¡Ay, señor!, si son del nigromancia, me pierdo por ellas; que nací en Triana, y sé echar las habas y andar el cedazo mejor que cuantas hay de mi tamaño.

COJUELO.– No dice mal; pero, a pesar de eso, Rufina María, se puede fiar de lo que yo quiero enseñar a mi camarada. Esté atenta.

(Rufina María se acerca a Cojuelo y Cleofás, colocando en medio el teléfono móvil con su palo de sujeción incorporado. Los tres miran la pantalla, mientras Luis Vélez y Tomasa se incorporan a la escena).

LUIS VÉLEZ.– En este tiempo, a nuestro Astrólogo o Mágico se lo había llevado de una apoplejía el demoñuelo zurdo que sustituía al Cojuelo, y bajó a pedir justicia a Lucifer en el hueso del alma, sin las mondaduras del cuerpo, del quebrantamiento de su redoma.

TOMASA.– Y doña Tomasa, no olvidando los desaires de don Cleofás y sabiendo que estaba allí, trataba con otra requisitoria de venir a Sevilla, con un galán nuevo que tenía, soldado de los galeones, para tomar venganza casándose con el licenciado Vireno de Madrid, la Olimpia de mala mano.

COJUELO.– *(Tomando el espejo en la mano).* Aquí quiero enseñarles lo que a estas horas pasa en la calle Mayor de Madrid, que esto solo un demonio lo puede hacer, y yo.

RUFINA MARÍA.– ¡Ay, señor!, comience vuesa merced, que será mucho de ver; que yo cuando niña...

CLEOFÁS.– Apenas acabó de decir esto, cuando comenzaron a pasar coches, carrozas, y literas y sillas, y caballeros a caballo...

RUFINA MARÍA.– ¡Señor, señor!....¡Enséñeme al Rey y a la Reina; que los deseo ver y no quiero perder la ocasión!

COJUELO.– Hija, en estos paseos ordinarios no salen Sus Majestades

RUFINA MARÍA.– ¿Y quién es este caballero y gran señor que pasa ahora con tanto lucimiento de lacayos y pajes...?

COJUELO.– Este es el almirante de Castilla don Juan Alfonso Enríquez de Cabrera, duque de Medina de Rioseco y conde de Módica, terror de Francia en Fuenterrabía.

RUFINA MARÍA.– ¡Ay, señor! ¿Aquel que nos echó los franceses de España? ¡Dios le guarde muchos años…!

TOMASA.– Ya, para ejecutar su designio, había tomado doña Tomasa (que siempre tomaba, por cumplir con su nombre y su condición) una litera para Sevilla con su dicho galán soldado, y partieron de Madrid, como unos hermanos, con la requisitoria que hemos referido.

LUIS VÉLEZ.– Y a nuestro Astrólogo no le habían dado sepultura, sobre las barajas de un testamento que había hecho unos días antes y descubrieron en un escritorio unos deudos suyos, y estaba la justicia poniendo en razón esta litispendencia.

RUFINA MARÍA.– ¿Quién son aquellos dos mozos que van juntos y que llevan llaves doradas?

COJUELO.– El Marqués de la Hinojosa.

RUFINA MARÍA.– ¡¡Ay, señor!!, aquel que pasa, si no me engaño es de Sevilla, y se llama Luis Ponce de Sandoval, marqués de Valdeencinas, y como que me crié en su casa.

CLEOFÁS.– ¡¿Y Tomasa, dónde está...?! ¡Aún la llevo en el corazón, que no se templa ni a fuer de desengaños!

COJUELO.– ¡Ah, proclive humanidad nuestra, que con los malos términos se abrasa, y con los agasajos se destempla!

RUFINA MARÍA.– ¿Y qué entierro es este tan suntuoso que pasa por la calle Mayor?

COJUELO.– El de nuestro Astrólogo, que ayunó toda su vida, para que se lo coman todos estos en su muerte, y siendo su retiro tan grande cuando vivo, ordenó que le paseasen por la calle Mayor después de muerto.

RUFINA MARÍA.– *(a lo suyo)*. ¡Qué linda hilera de señores, que parece que están vivos!

COJUELO.– El Rey nuestro señor es el primero.

RUFINA MARÍA.– ¡Qué hombretón! ¡Qué bizarros bigotes tiene y cómo parece rey en la cara y en el arte! ¡Qué hermosa que está junto a él la Reina nuestra señora! ¡Y qué bien vestida y tocada! ¡Dios nos la guarde! Y aquella niña de oro ¿quién es?

CLEOFÁS.– ¡Es niño! El Príncipe, nuestro señor.

RUFINA MARÍA.– Dios le bendiga , y mi ojo no le haga mal; y viviendo más que el mundo, nunca herede a su padre, y viva su padre más siglos que tiene almenas en su monarquía. ¡Ay, señor! ¡Gana me da, si pudiera, de dalle mil besos!

TOMASA.– Y Doña Tomasa ya llegó Sevilla

COJUELO.– *(A Cleofás)*. Mira: Ésos van a tomar posada, y es tu dama y el soldado que viene en su compañía.

CLEOFÁS.– ¡¡Juro a Dios que lo he de ir a matar antes de que se apee, y a cortarle las piernas a doña Tomasa!!

COJUELO.– Sin riesgo tuyo se hará todo eso, ni sin tanta demostración pública.

CLEOFÁS.– Con eso me has templado; que estaba loco de celos.

COJUELO.– Ya sé qué enfermedad es esa, pues se compara a todo el infierno junto...

(Cleofás, recuerda unas letras del célebre compositor José Marín y, armándose de valor, se dirige a una Tomasa imaginaria y canta).

CLEOFÁS.– *(cantando)*
»No piense Tomasa ya
No piense Tomasa ya
que me muero por sus ojos
que he sido bobo hasta aquí

Foto 6: *El diablo cojuelo*, espectáculo dirigido por Aitana Galán
a partir de la versión de Jesús Gómez Gutiérrez y ella misma
de la novela de Luis Vélez de Guevara.
En la imagen, Agnes Kiraly, Gloria Albalate y Silvia Espigado.
(La Radical Teatro, 2020).

y no quiero ser más bobo
que he sido bobo hasta aquí
y no quiero ser más bobo.

(Se va sumando a su alrededor el coro de poetas de la Academia, que celebra su actuación).

»Mucho abandona lo vano
mucho abandona lo vano
si poco estima lo hermoso
la que por ser familiar
no repara en ser demonio.
La que por ser familiar
no repara en ser demonio.

(Los poetas le aplauden y Cojuelo le quita el protagonismo subiéndose a un estrado).

COJUELO.– A un sastre tan caballero, que no quería cortar los vestidos de sus amigos, remitiéndolos a su maese barrilete.
Soneto:
Pánfilo, ya que los eternos dioses,
por el secreto fin de su juicio,
no te han hecho tribuno ni patricio,
con que a la dignidad del César oses,
razón será que el ánimo reposes,
haciendo en ti oblación y sacrificio;
que dicen que no acudes a tu oficio
estos que cortan lo que tú no coses.
Los ojos vuelve a tu primer estado:
las togas cose, y de vestirlas deja;
que un plebeyo no aspira al consulado.
Esto, Pánfilo, Roma te aconseja;
no digan que de plumas que has hurtado
te has querido vestir, como corneja.

(Vítores, aplausos y risas del coro de poetas de la Academia).

LUIS VÉLEZ.– Qué ingenios tan singulares....

INTERMEDIARIA.– ¿Cómo dijeron que se llamaban?

CLEOFÁS.– A mí llámenme el Engañado y a mi compañero, el Engañador.

LUIS VÉLEZ.– ¡Curiosos nombres! Que sean por hoy fiscal y presidente de esta ilustrísima academia.

INTERMEDIARIA.– ¿Fiscal y presidente, así, sin más?

LUIS VÉLEZ.– ¡Hagámosles esta lisonja por forasteros!

CLEOFÁS.– Seguíamos en Sevilla, pero una tarde, al entrar en la calle de las Armas, vimos una casa en cuyo interior se vislumbraba mucha gente de buena capa: era una academia, la de los mayores ingenios.

COJUELO.– Que se juntan aquí a conferir cosas de la profesión literaria y hacer versos a diferentes asuntos.

CLEOFÁS.– Y estaban, entre otros, don Álvaro de Cubillo, doña Ana Caro y al fondo, un poco apartado, Luis Vélez de Guevara, insigne poeta ecijano, que murió de un mal de orina y que llegó a poseer, en sus buenos tiempos...

(El coro de poetas escucha, expectante).

¡Seis sillas de nogal!

CORO DE POETAS.– *(Un tanto sorprendidos).* ¡Ohhh....!

CLEOFÁS.– ¡Una colcha de tafetán!

CORO DE POETAS.– *(Un tanto burlescos).* ¡Ooooohhhh...!

CLEOFÁS.– ¡Una imagen de Nuestra Señora de la Soledad!

CORO DE POETAS.– ¡Ooooohhhhhh...!

CLEOFÁS.– ¡Y un ejemplar de los Refranes de Malara!

CORO DE POETAS.– *(Con reverencias, exagerando).* ¡¡Ooooohhhhhhhh!!

CLEOFÁS.– Además de veintidós o veinticuatro libros menores...

LUIS VÉLEZ.– *(Interrumpe, irónico).* ¿Qué pensaron vuestras mercedes? ¿Que venía a la Academia a hacer un discurso donde sudase consonantes de sangre? Harto he sudado en cuatrocientas comedias que he hecho, sin contar los niños y viejos, que son los romances, sonetos, décimas, canciones y otras varias poesías que han corrido de mí como de una fuente agua.....Yo cobraré buena fama y me volveré a dormir, aunque desde un tiempo a esta parte me parece que sueño...

(Y en el sueño del poeta vuelve Cleofás a dictar las premáticas que oímos en la Academia).

CLEOFÁS.– Premáticas y ordenanzas que se han de guardar en la ingeniosa academia burlesca de hoy en adelante... Primeramente...

(Interrumpe Cojuelo, con voz de ultratumba, atenebrando la escena).

COJUELO.– «PRONÓSTICO Y LUNARIO DEL AÑO QUE VIENE CONTRA LOS POETAS, MÚSICOS Y PINTORES. COMPUESTO POR «EL ENGAÑADOR», ACADÉMICO DE LA INSIGNE ACADEMIA, Y DIRIGIDO A PERICO DE LOS PALOTES,

PROTODEMONIO Y POETA DE DIOS TE LA
DEPARE BUENA»;

*(Aparece un alguacil, con Tomasa a su lado, amenazante. El
sueño se alborota).*

ALGUACIL.– Vuesas mercedes no se alboroten; que yo
vengo a hacer mi oficio y a prender no menos que al
señor Presidente, porque es orden de Madrid y la he
de hacer de Evangelio.

COJUELO.– Señor mío, vuesa merced ablande su cólera
con este diaquilón mayor, que son ciento cincuenta
doblones de a dos.

*(Exhibe la moneda que el alguacil coge lentamente, hechizado
por el brillo).*

ALGUACIL.– *(En estado de hechizo, sigue mirando la moneda).* Vuesas mercedes perdonen el haberme equivoca-
do, y el señor Licenciado se vaya libre y sin costas,
más de las que hemos hecho; que yo me he puesto a
un riesgo muy grande habiendo errado el golpe.

(Cleofás se libera).

TOMASA.– ¡Yo también le había pagado!

ALGUACIL.– Éste pagó más

TOMASA.– ¡Yo también le había pagado!

ALGUACIL.– Éste pagó más

COJUELO.– *(Socarrón, a Luis Vélez).* Mejor que deje lo
alguacil y se haga carbonero, que no le durará el albo-
rozo de sus doblones. Cuando mañana se levante a
buscarlos, se verá emparedado de carbón, con todos

los aposentos de la casa de la misma suerte, para que no le falte lo que ocurre siempre con el dinero que da el diablo.

(Cojuelo convierte en polvo algunas monedas que están sobre la mesa de Luis Vélez y huye a carcajadas, divertido).

LUIS VÉLEZ.– ¡Tengan a ese cojo ladrón!

CLEOFÁS.– *(Imitando).* ¡Tengan a ese cojo ladrón!

TODOS.– ¡Tengan a ese cojo ladrón!

(Cojuelo huye, perseguido por las voces que se han transformado en Cienllamas, Chispa y Redina).

LUIS VÉLEZ.– Y cuando al Cojuelo casi le echaban las garras Chispa y Redina, venía un escribano del número bostezando,

CLEOFÁS.– y metiósele el Cojuelo por la boca, calzado y vestido, tomando iglesia,

COJUELO.– ¡Iglesia! ¡Iglesia!

VOZ 1.– la que más a su propósito pudo hallar.

VOZ 2.– Quisieron entrarse tras él a sacarle de este sagrado Chispa, Redina y Cienllamas,

LUIS VÉLEZ.– y salió a defender su jurisdicción una cuadrilla de sastres, que les hicieron resistencia a agujazos y a dedalazos,

CLEOFÁS.– obligando a Cienllamas a enviar a Redina

LUIS VÉLEZ.– "¡Al infierno!"

CLEOFÁS.– por orden de lo que se había de hacer;

LUIS VÉLEZ.– y lo que trajo en los aires fue que, con el Escribano y los sastres,

VOZ 2.– "¡den con el Cojuelo en los infiernos!"

LUIS VÉLEZ.– Ejecutóse como se dijo, y fue tanto lo que los revolvió el Escribano que tuvieron por bien los jueces de aquel partido echarlo fuera,

CLEOFÁS.– dejando a los sastres en rehenes,

VOZ 1.– para unas libreas que habían de hacer a Lucifer "por la festividad del nacimiento del Antecristo";

TOMASA.– tratando doña Tomasa, desengañada, de pasarse a las Indias con el tal soldado

CLEOFÁS.– y don Cleofás de volverse a Alcalá a acabar sus estudios,

LUIS VÉLEZ.– habiendo sabido el mal suceso de la prisión de su Diablillo,

CLEOFÁS.– desengañado de que hasta los diablos tienen sus alguaciles,

COJUELO.– y los alguaciles tienen sus diablos.

(Escapa Cojuelo, sobresaltando a todos, y la escena se enciende con las pinceladas del Greco y su «Juicio final»).

LUIS VÉLEZ DE GUEVARA.–
Así da fin esta novela del Diablo Cojuelo,
escrita con particular capricho
y, como ya avisé, concebida sin teatro original.
Su dueño da gracias y suplica
que no se pudran en su leyenda.

FIN

Foto 7: Imagen de *El diablo cojuelo*, espectáculo dirigido por Aitana Galán
a partir de la versión de Jesús Gómez Gutiérrez y ella misma
de la novela de Luis Vélez de Guevara.
(La Radical Teatro, 2019)

GLOSARIO DE LA VERSIÓN

Abada: Rinoceronte.

Adanes y Evas: Hombres y mujeres que están o andan desnudos.

Afeite: Cosmético.

Alcaide: El que en las cárceles tenía a su cargo la custodia de los presos. (DRAE)

Alguacil (de Corte): Oficial subalterno que tenía a su cargo el orden público y la persecución de los delincuentes.

Alzaprima: Palanca.

Atabal(-illos): Timbal o tambor pequeño que suele tocarse en fiestas públicas.

Avilipinti: Baile antiguo popular.

Badea: Sandía o melón de mala calidad // en algunas partes, pepino o cohombro insípido y amarillento. (DRAE).

Bailinistas: poetas que escribían las letras para los bailes.

Bajete: Voz de barítono.

Baratillo: Lugar donde se venden cosas de poco lance o precio.

Barbado en Hircania: Se refiere a que tiene los pelos de la barba tan recios como el bigote de los tigres. En esa época eran famosos los tigres de Hircania citados, en no pocas poesías, como hírcanos.

Basquiña: Saya exterior que usaban las mujeres desde la cintura a los pies.

Berroqueño: Duro, áspero, poco sensible y delicado.

Boquear: Expirar. Estar una cosa acabándose y en los últimos términos (DRAE).

Botiller: El que tenía a su cargo el elaborar y guardar los vinos y licores en la casa de un señor.

Broquel: Escudo pequeño de madera o corcho, cubierto de piel o tela encerada, o de otro material, con guarnición de hierro a canto y una cazoleta en medio, para que la mano pueda empuñar el asa o manija que tiene por la parte de dentro (DRAE).

Bruñida de esmeril: Reluciente, como si la hubieran 'lijado'.

Bugre: Voz francesa que funciona igual que 'puto' en castellano.

Bullicuzcuz: Baile.

Candil (de garabato): Especie de vaso de hierro abarquillado, que tiene delante una canal pequeña, y detrás se levanta un hierro, de cuyo extremo se prende una varilla de hierro, con un garabato de lo mismo: dentro de aquél se pone otro vaso más pequeño de la misma forma, pero sin garabato, que se llama candileja, en que se echa el aceite o manteca derretida' (Dicc. Autoridades).

Carretería: Baile lascivo.

Casamentero: Que propone una boda o interviene en el ajuste de ellas. Se dice más bien del que con frecuencia entiende en tales negocios, por afición o por interés (DRAE).

Coluros: Cada uno de los dos círculos máximos de la esfera celeste, los cuales pasan por los polos del mundo y cortan a la Eclíptica. (DRAE)

Como(s): Chasco o burla.

Con la mano del gato: Con mano ajena. Por otro sujeto que no sea él.

Coquín: Bribón (Del francés: *coquin*).

Corchete(s): Ministro inferior de justicia encargado de prender a los delincuentes' (DRAE).

Cosquillas de la capona: Son o baile a modo de la Mariona; pero más rápido y bullicioso, con el cual y a cuyo tañido se cantan varias coplillas. (Autoridades).

Chacona: Danza o baile popular español del siglo XVII.

Chancillería: En la Edad Media y principios de la Edad Moderna, órgano superior de justicia del territorio castellano.

Chanflona: Dícese de la moneda falsa. Persona o cosa despreciable (DRAE)

Chapetón: Inexperto, bisoño, novicio (DRAE).

Chapines: Chanclo de corcho, forrado de cordobán, muy usado en algún tiempo por las mujeres. (DRAE, s. v. chapín).

Chapitel: Remate de las torres que se levanta en figura piramidal (DRAE).

Chirimías: Instrumento músico de viento, hecho de madera, a modo de clarinete, de unos siete decímetros de largo, con diez agujeros y boquilla con lengüeta de caña. (DRAE)

Damas cortesanas: Prostitutas.

*De **Gloria Patri**:* Se refiere a la postura inclinada de los dedos de la mano.

*De **título (compañías teatrales)**:* Dícese de las que gozaban del reconocimiento de la Corte Real, que les otorgaba un título oficial que les permitía actuar en las grandes ciudades y ante el rey.

Déligo: Baile popular de los siglos XVI y XVII.

Diaquilón: En sentido figurado, dádiva que se da para corromper a alguien en su justicia o enojo.

Doncella de boquilla: Mujer que se dice doncella, pero que no lo es.

Embeleco: Embuste o engaño.

Empelotado(s): Enredarse, confundirse. Dícese más comúnmente cuando este enredo o confusión nace de riña o quimera.

Enjerto: Mezcla de varias cosas diversas entre sí (DRAE).

Epiciclos: Círculo que se suponía descrito por un planeta alrededor de un centro que se movía en el deferente. (DRAE)

Escotase: Pagar la parte o cuota que toca a cada uno de todo el coste hecho en común por varias personas. (DRAE).

Escribano (del número): Uno de los veinticuatro escribanos que por tasa había en Sevilla, ante quienes se otorgaban las escrituras públicas.

Esguízaro(s): Suizo. (DRAE).

Espumando: Fig. Crecer, aumentar rápidamente (DRAE).

Espelunca: Cueva, gruta, concavidad tenebrosa (DRAE).

130

Estelionato: Fraude que comete el que encubre en el contrato la obligación que sobre la hacienda, la alhaja u otra cosa tiene hecha anteriormente (DRAE).

Estupro: Acceso carnal del hombre con una doncella logrado con abuso de confianza o engaño. (DRAE).

Familiar: Demonio que se supone tener trato con alguna persona, y acompañarla y servirla. (DRAE).

Figón: Casa donde se guisan y venden cosas ordinarias de comer (DRAE).

Forfante: Hombre hablador, jactancioso, que se alaba de pendencias y valentías. (DRAE).

Fullero: Que hace trampas.

Garatusa: Halago y caricia para ganar la voluntad de alguien.

Garrucha: Pasador del cuello de la camisa.

Guardainfante: Especie de tontillo redondo, muy hueco, hecho de alambres con cintas, que se ponían antiguamente las mujeres en la cintura, y sobre él la basquiña. (DRAE).

Guardapiés: Antigua falda que llegaba a los pies. (DRAE).

Guedeja(s): El cabello que cae de la cabeza a las sienes, de la parte de adelante. (Autoridades).

Guineo: Cierto baile de movimientos violentos y gestos ridículos, propio de los negros. (DRAE).

Guiriguirigay: Baile del siglo XVII.

Hacerse cocos: Hacerse burlas, engañarse. Hacerse señas, gestos o ademanes ridículos.

Hermano Bartolo: Baile de los siglos XVI y XVII.

Horro: Libre, exento, desembarazado. (DRAE).

Jácara(s): Romance alegre en que por lo regular se cuentan hechos de la vida airada. Cierta música para cantar o bailar. (DRAE).

Jayana: Persona de grande estatura, robusta y de muchas fuerzas.

Jigote: Guisado de carne picada rehogada en manteca'(DRAE). Hacer jigote de algo: hacer pedazos, añicos.

Jubón: Vestidura, que cubre desde los hombros hasta la cintura, ceñida y ajustada al cuerpo (DRAE).

Legañosa: Afectada de legañas. Se usaba también para señalar a las prostitutas.

Legua (cómico de la): El que anda representando en poblaciones pequeñas.(DRAE).

Maesecorales: Juego de manos de los prestidigitadores.

Mágica (negra): Arte supersticioso por medio del cual cree el vulgo que pueden hacerse, con ayuda del demonio cosas admirables y extraordinarias. (DRAE, s. v. Magia negra).

Mareta: Movimiento de las olas del mar cuando empiezan a levantarse con el viento o a sosegarse después de la borrasca. (DRAE).

Mariona: Especie de danza antigua (DRAE).

Más ruido que la Bermuda: Hace alusión al estrépito que, según los navegantes, producían las tormentas en las Islas de las Bermudas.

Meando la pajuela: Aventajando, sobresaliendo a todos. Procede de un juego de niños, en el que se desafiaban.

Menguada (hora): Tiempo fatal o desgraciado en que sucede un daño o no se logra lo que se desea. (DRAE).

Mirmidones: Antiguo pueblo de la mitología griega que poblaban la Hélade. La traducción es "hormigas".

Mohatra: Fraude, engaño.

Mohatrera: Persona que hace fraudes o engaños.

Mosquetero(s): En los antiguos corrales de comedias, el que las veía de pie desde la parte posterior del patio. (DRAE).

Mula de Liñán: Se refiere al aire, y parece hacer alusión al poema *La vida del pícaro*, de Pedro Liñán (1555, aprox. - 1607) según el estudio de Roland Scapers. (Fuente: *Pedro Liñán, Juan Bautista de Vivar y don Luis de Vargas, tres poetas contemporáneos de Cervantes en torno al Romancero nuevo*. Boletín de la Real Academia Española, Tomo LXXVII/CCLXX/Madroñal 99. Disponible en web).

Nigromante: 'Brujo, hechicero'.

Olimpia y Vireno: Hace alusión a los protagonistas de la comedia atribuida a Juan Pérez de Montalbán (1602-1638) del mismo título: *Olimpia y Vireno*. Tras prometerse amor y casamiento y poseer a la mujer, Vireno huye en un navío que tenía preparado y Olimpia lo persigue para vengarse, terminando con él de un pistoletazo.

Opilada: De 'opilación': Supresión del flujo menstrual (por extensión, embarazada).

Paladión: Estatua arcaica de madera, que representaba a Atenea y se conservaba en Troya desde su fundación.

/ Objeto en que se estriba o se cree que consiste la defensa o seguridad de una cosa.

Palafrén: Caballo manso en que solían montar las damas y señoras en las funciones públicas o en las cacerías, y muchas veces los reyes y príncipes para hacer sus entradas. (DRAE).

Pandorgas: Baile o banda musical donde los integrantes tocan generalmente instrumentos populares que producen una música ruidosa, alborotada y sin concierto.

Patarata: Ficción, mentira, patraña (Autoridades)

Pelaza: Pendencia, riña, disputa.

Perdigado: Dispuesto o preparado para un fin.

Peruétano: Porción saliente y puntiaguda de algo, o fruto del peral silvestre.

Piélago: Parte del mar que dista mucho de la tierra // Lo que por su abundancia y copia es dificultoso de enumerar y contar. (DRAE).

Pleitista: Dícese del sujeto revoltoso y que con ligero motivo mueve y ocasiona contiendas y pleitos. (DRAE).

Pollera: Falda que las mujeres se ponían sobre el guardainfante y encima de la cual se asentaba la basquiña o la saya. (DRAE)

Postillón: Mozo que va a caballo delante de los que corren la posta, o montado en una caballería de las delanteras del tiro de un carruaje, y sirve en el primer caso para guiar a los caminantes y en el segundo para llevar en buena dirección el ganado. (DRAE).

Premática(s): Ley emanada de competente autoridad, que se diferenciaba de los reales decretos y órdenes generales en las fórmulas de la publicación. (DRAE).

Preñada de medio ojo: Que ocultaba su preñez, como ocultan el rostro las que se tapaban la mitad de la cara (de medio ojo).

Puñete(s): Golpe con la mano cerrada. (DRAE).

Redoma: Vasija de vidrio ancha en su fondo que va angostándose hacia la boca. (DRAE).

Regoldano: Perteneciente o relativo al regoldo o castaño silvestre

Rentoy: Juego de naipes entre dos, cuatro, seis u ocho personas en el que se permiten las señas ente compañeros.

Requisitoria: Aplícase al despacho en que un juez refiere a otro para que ejecute un mandamiento del requirente. (DRAE).

Robaperas: Insignificante y de poca valía.

Rollo: Columna de piedra, ordinariamente rematada por una cruz, que en lo antiguo era insignia de jurisdicción y que en muchos casos servía de picota. (DRAE).

Saltambancos: Charlatán que, puesto sobre un banco o mesa, junta al pueblo y relata las virtudes de algunas hierbas, confecciones y quintaesencias que trae y vende como remedios singulares.

Seguidillas: Aire popular español.

Silla (de manos): Vehículo con asiento para una persona, a manera de caja de coche, y el cual, sostenido en dos varas largas, era llevado por hombres. (DRAE).

Sobrestante: Que está muy cerca o encima. (DRAE).

Suceso: Éxito, resultado, término de un negocio. (DRAE).

Tabardillo: Enfermedad infecciosa, insolación. (DRAE).

Tranco: Paso largo o salto que se da abriendo mucho las piernas. (DRAE).

Trena: Cárcel de presos (DRAE).

Trucha: Prostituta de baja estofa.

Tudesco: Alemán, germano.

Tusón de las damas: Hace referencia la orden de caballería del Tusón o Toison. Se atribuía a las damas cortesanas o prostitutas protegidas por un señor.

Tusona: Prostituta o ramera de mejor condición que las 'busconas'.

Vellón: Conjunto de la lana de un carnero u oveja que se esquila.

Verdugados: Vestiduras que las mujeres usaban debajo de las basquiñas para ahuecarlas. (DRAE).

Villanciere: Poeta que hace villancicos.

Volatín(-es): Persona que con habilidad y arte anda y voltea por el aire sobre una cuerda o un alambre, y hace otros ejercicios semejantes.

Zaquizamí: Desván, sobrado o último cuarto de la casa, comúnmente a teja vana. (DRAE)

Zambapalo: Baile grotesco en boga en España en los siglos XVI y XVII.

Zancayo: De zancajo; parte del talón del pie.

Zarabanda: Danza picaresca y de movimientos lascivos que se usó en España durante los siglos XVI y XVII. (DRAE).

Fuentes:

DRAE

Diccionario de Autoridades

Boletín Real Academia de la Lengua y

«El Diablo Cojuelo. Glosario e índices léxicos», de Dolores Azorín Fernández. (Disponible en la Biblioteca Virtual Miguel de Cervantes: https://www.cervantes virtual.com/obra/el-diablo-cojuelo-de-l-velez-de-guevara-glosario--0/).

Foto 8: Silvia Espigado como Cojuelo en *El diablo cojuelo*,
espectáculo dirigido por Aitana Galán.
(La Radical Teatro, 2019).

Esta versión de «El Diablo Cojuelo» se estrenó el 12 de julio de 2019 en el Corral de Comedias de Almagro, dentro del marco del 42 Festival Internacional de Teatro Clásico de Almagro.

EL DIABLO COJUELO
de Luis Vélez de Guevara

Versión escénica de
Jesús Gómez Gutiérrez y Aitana Galán

ELENCO

Silvia Espigado .... COJUELO
Críspulo Cabezas / Quique Mongay .... CLEOFÁS
Juan Alberto López / Nelson Dante .... LUIS VÉLEZ
y otras figuras
Agnes Kiraly .... DOÑA TOMASA
y otras figuras
Gloria Albalate .... ANA CARO/CANTANTE,
y otras figuras
Pablo Hernández Ramos .... Saxo
Álex Huelves .... Teclados

EQUIPO ARTÍSTICO Y TÉCNICO

Escenografía y vestuario .... Silvia de Marta
Realización de vestuario .... Sol Curiel
Iluminación y audiovisuales .... Alfonso Pazos
Técnico en gira .... Carlos Arandojo

Selección de canciones .... Aitana Galán y
Jesús Gómez Gutiérrez

Composición musical .... Pablo Hernández Ramos
Asesoría movimiento escénico .... Marta Sánchez Medel
Diseño gráfico y cartel .... Aitor Pazos Galán

Diseño y producción ejecutiva .... La Radical Teatro
Gestoría .... Menpuy Asesores

Dirección .... Aitana Galán

Una producción de La Radical Teatro y Uda Teatro y Cine
S.L., con la colaboración de La Insignia, El Imaginario,
Centro Cívico El Pozo, Centro Cultural Paco Rabal y los
avalistas de Crea Sgr.

* * * * * * *

Fotografías del espectáculo incluidas en esta publicación:
1, 3, 4, 5, 6 y 7 por cortesía de Lucasz Michalak-Madrid Destino.
2 y 8: por cortesía de Alfonso Pazos.
Fotografías de 1 a 7 realizadas en las funciones del Patio Central del
Conde Duque en los Veranos de la Villa de Madrid, 2020.
Fotografía 8: foto de ensayo, 2019.

Notas biográficas

Jesús Gómez Gutiérrez

Nacido en Madrid (30 de enero de 1965), descubrió la literatura en las calles del barrio donde se crió, Vallecas. Desde entonces, compagina la poesía, la narrativa y el teatro con el periodismo, la traducción literaria y la edición de publicaciones independientes.

Fundador del diario *La Insignia* (2000-2009) y miembro de la Federación Internacional de Prensa, fue columnista de *El diario del Navegante* (*El Mundo*, 1998), *Rebelión* (1997-1999), *Público* (*2007-2008*) y *Nueva Tribuna* (2010-2011), además de colaborar como escritor y periodista en varios medios y ser traductor de prensa (*El Mundo, eldiario.es*) y ensayo (Península), aunque su actividad principal en dicho sentido es la traducción literaria (Gigamesh, Bibliópolis, Sexto Piso, etc.), con más de setecientas novelas y libros de relatos en su haber.

Entre sus últimas obras, destacan la versión y traducción de *Natale in casa Cupiello* (Eduardo de Filippo) para el Centro Dramático Nacional (Teatro María Guerrero, 2016-2007) y la comedia dramática *Ambiente familiar (mínimo 2 noches);* ambas, en colaboración con la directora y dramaturga Aitana Galán.

Aitana Galán

Nace en Salamanca (mayo de 1970) y reside habitualmente en Madrid.

Se inicia en el teatro como actriz, en compañías de teatro independiente y completa su formación con estudios de interpretación, danza, dramaturgia y –posteriormente– dirección de escena en la RESAD.

Desde los años 90 desarrolla una intensa actividad teatral dedicada a la creación, la producción, la pedagogía y la asesoría o dirección cultural. Colabora tanto con instituciones públicas (como el centro Dramático Nacional –del que fue Coordinadora Artística-, la Compañía Nacional de Teatro Clásico, la Universidad Complutense de Madrid o la ESADIB), como con espacios privados o en proyectos de perfil más alternativo o underground.

Actualmente es la directora artística de la compañía de teatro La Radical, miembro de la junta directiva de la ADE y miembro fundador de Liga de las Artes.

Como directora de escena ha estrenado más de cincuenta espectáculos, donde se encuentran piezas del repertorio clásico (como *Entremeses Barrocos*. CNTC), del teatro español del exilio (*Sobre algunas especies en vías de extinción,* de José Ricardo Morales. Centro Dramático Nacional), o del teatro contemporáneo más actual (*Reglas, usos y costumbres en la sociedad moderna,* de Jean-Luc Lagarce. Tranvía Teatro; o *Málaga* y *Las neurosis sexuales de nuestros padres,* de Lukas Bärfuss. La Radical).

Como dramaturga ha publicado o estrenado las comedias *De cerca nadie es normal* (2009), co-escrita con el dramaturgo Luis García-Araus y *Segunda Vida* (2008), *Vive como puedas* y *Jugad, jugad, malditos,* escritas en solitario.

Entre sus últimos trabajos destacan la versión y traducción de *Navidad en casa de los Cupiello*, de Eduardo de Filippo, estrenada en el Teatro María Guerrero (CDN, 2016/17) y la comedia dramática *Ambiente familiar (mínimo 2 noches)*, ambas en colaboración con el escritor Jesús Gómez Gutiérrez.

ÍNDICE

PUBLICACIONES DE LA ASOCIACIÓN DE DIRECTORES DE ESCENA

www.adeteatro.com

Últimos títulos publicados

Serie: «Literatura dramática»

Nº 120 "MI PADRE, UN *KULAK* SOCIALISTA"
de Tone Partljič

Nº 121 "LA DISPUTA"
de Pierre C.C. de Marivaux
Edición y traducción de Claudia Pena y Lydia Vázquez

Nº 122 "LUCES, LUCES, LUCES / SEPTIEMBRE"
de Evelyne de la Chenelière
Edición y traducción de Rosa de Diego

Nº 1231 "ANÍBAL / MEHMED II"
de Pierre C.C. de Marivaux
Edición y traducción de Lydia Vázquez

Serie: «Literatura dramática iberoamericana»

Nº 80 "LA ODISEA SEGÚN MARCO MANICIO"
de Agustín Iglesias

Nº 81 "AMBIENTE FAMILIAR (MÍNIMO 2 NOCHES)"
de Aitana Galán y Jesús Gómez Gutiérrez

Nº 82 "LOS AMANTES SARNOSOS"
de Agustín Iglesias

Nº 83 "ANTÁRTIDA"
de Raúl Hernández Garrido

Serie: «Debate»

Nº 26 "EL TEATRO VACÍO. MANUAL DE POLÍTICA TEATRAL", de Manuel F. Vieites

Nº 27 "MÚSICA EN ESCENA" de Tomás Marco

Nº 28 "ACCIONES CONCOMITANTES. UN MÉTODO PARA LA ACTUACIÓN TEATRAL" de Jarosław Bielski

Nº 29 "MARIUS PETIPA. DEL BALLET ROMÁNTICO AL CLÁSICO" Edición de Laura Hormigón

Nº 30 "UN CAMINO PARA LA INTERPRETACIÓN ACTORAL" de Juan Pastor Millet

Nº 31 "CAVILACIONES TEATRALES" de Pedro Álvarez-Ossorio

Nº 32 "LA ESCALERA EN EL TEATRO" de Javier Navarro de Zuvillaga

Nº 33 "LA MIRADA CREADORA ANTE LA ESCENIFICACIÓN" Edición de Jara Martínez Valderas, Marga del Hoyo Ventura y José Manuel Teira Alcaraz

Nº 34 "20 DIRECTORES ROMPEDORES DE LA EUROPA DEL ESTE" Edición de Kalina Stefanova y Marvin Carlson

Serie: «Teoría y práctica del teatro»

N° 41 "ADRIÀ GUAL. TEORÍA ESCÉNICA"
Edición de Carles Batlle y Enric Gallén.

N° 42 "EL BALLET ROMÁNTICO EN EL TEATRO DEL
CIRCO DE MADRID (1842-1850)"
de Laura Hormigón

N° 43 "ADOLFO MARSILLACH: ESCENIFICAR
A LOS CLÁSICOS (1986-1994)"
de Mariano de Paco Serrano

N° 44 "EL ACTOR BORBÓNICO (1700-1831)"
de Joaquín Álvarez Barrientos

N° 45 "LA TEORÍA DRAMÁTICA. UN VIAJE A TRAVÉS DEL
PENSAMIENTO TEATRAL"
de Jaume Melendres

Serie: «Laberinto de Fortuna»

N° 7 "LA ACTRIZ"
de Antonio Piazza

N° 8 "DOS LUCES EN LA ESPESURA"
de Juan Antonio Hormigón

N° 9 "MI GRAN CARTA"
del Marqués de Sade
Edición de Lydia Vázquez (Edición bilingüe)

N° 10 "ESAS MUJERES DE MAYO DEL 68"
de Lydia Vázquez, Nadia Brouardelle,
Juan Manuel Ibeas y Beatriz Onandía